PATTI SMITH

O Ano do Macaco

Tradução
Camila von Holdefer

Copyright © 2019 by Patti Smith

Grafia atualizada segundo o Acordo Ortográfico da Língua Portuguesa de 1990, que entrou em vigor no Brasil em 2009.

Título original
Year of the Monkey

Capa
Fabio Uehara

Foto de capa
Barre (Skills) Duryea

Preparação
Leny Cordeiro

Revisão
Marise Leal
Marina Nogueira

Dados Internacionais de Catalogação na Publicação (CIP)
(Câmara Brasileira do Livro, SP, Brasil)

Smith, Patti
    O Ano do Macaco / Patti Smith ; tradução Camila von Holdefer.
— 1ª ed. — São Paulo : Companhia das Letras, 2019.

    Título original: Year of the Monkey.
    ISBN 978-85-359-3278-2

    1. Mulheres, músicos de rock – Estados Unidos – Biografia 2. Poetas americanos - Século 20 – Biografia 3. Smith, Patti, 1946- I. Título.

19-29791   CDD-818

Índice para catálogo sistemático:
1. Smith, Patti : Escritoras : Literatura norte-americana 818

Cibele Maria Dias – Bibliotecária – CRB-8/9427

[2019]
Todos os direitos desta edição reservados à
EDITORA SCHWARCZ S.A.
Rua Bandeira Paulista, 702, cj. 32
04532-002 — São Paulo — SP
Telefone: (11) 3707-3500
www.companhiadasletras.com.br
www.blogdacompanhia.com.br
facebook.com/companhiadasletras
instagram.com/companhiadasletras
twitter.com/cialetras

Uma loucura mortal vem ao mundo
Antonin Artaud

Sumário

Caminho para o Oeste, 9
UTI, 56
ADM 2016, 60
O que Marco disse, 75
O gigante vermelho, 82
Intervalo, 91
O marinheiro está em casa, 102
Imitação de um sonho, 107
Borboletas negras, 111
Amuletos, 115
Em busca de Imaginos, 119
Por que Belinda Carlisle importa, 124
A Santa Sé, 129
O Cordeiro Místico, 134
O galo dourado, 139
Uma noite na Lua, 144

Uma espécie de epílogo, 153

Créditos das imagens, 161

Caminho para o Oeste

Era bem depois da meia-noite quando a gente parou na frente do Dream Motel. Paguei a corrida, conferi se não tinha esquecido nada e toquei a campainha para acordar a proprietária. São quase três da manhã, ela disse, mas me entregou a chave e uma garrafa de água mineral. O quarto ficava no andar mais baixo, de cara para o longo píer. Deslizei a porta de vidro e pude ouvir o som das ondas acompanhado dos clamores vagos dos leões-marinhos esparramados nas tábuas sob o cais. Feliz Ano-Novo! berrei. Feliz Ano-Novo para a lua crescente, o mar telepático.
A viagem de San Francisco levou pouco mais de uma hora. Tinha ficado bem desperta, mas de repente me senti exausta. Tirei o casaco e deixei a porta de correr um pouco aberta para ouvir as ondas, mas caí imediatamente num simulacro de sono. Acordei de repente, fui ao banheiro, escovei os dentes, tirei as botas e fui para a cama. Talvez tenha sonhado.
Manhã de Ano-Novo em Santa Cruz, bastante morta. Tive uma vontade repentina de comer uma coisa específica no café da

manhã: café preto, creme de milho com cebolinha. As chances de encontrar uma refeição dessas por aqui eram pequenas, mas um prato de presunto com ovos já serviria. Peguei minha câmera e andei ladeira abaixo na direção do píer. Uma placa surgiu, semicoberta por palmeiras altas e estreitas, e percebi que aquele não era um motel, no fim das contas. A placa dizia DREAM INN, pontuada por uma estrela estilo Sputnik. Parei para admirar e registrar com a Polaroid, peguei a foto e meti no bolso.

— Obrigada, Dream Motel, eu disse, meio para o ar, meio para a placa.

— É Dream Inn! a placa exclamou.

— Ah, sim, desculpe, eu disse, um tanto surpresa. Ainda assim, não sonhei nada.

— Ah, é mesmo? Nada!

— Nada!

Não pude evitar me sentir como Alice sendo interrogada pela lagarta fumadora de narguilé. Olhei pros meus pés, me esquivando da energia perscrutadora da placa.

— Bem, obrigada pela foto, eu disse, pronta pra zarpar.

No entanto, minha partida foi sabotada pelo surgimento inesperado dos desenhos de Tenniel em versão animada: a Tartaruga Falsa e ereta. O criado-peixe e o criado-sapo. O Dodô enfeitado em seu distinto paletó com mangas, a horrenda Duquesa e a Cozinheira, e a própria Alice, carrancuda, presidindo uma interminável cerimônia do chá onde, sentimos muitíssimo, nenhum chá estava sendo servido. Me perguntei se o bombardeio súbito era autoinduzido ou se era uma cortesia da carga magnética da placa do Dream Inn.

— E agora?

— A mente! eu gritei, exasperada com os esboços animados que se multiplicavam num ritmo alarmante.

— A mente desperta! a placa riu, triunfante.

Dei as costas, interrompendo a transmissão. Na verdade, como era um tanto estrábica, eu testemunhava frequentemente esses saltos, com mais frequência com o olho direito. Além disso, uma vez que se encontra bem desperto, o cérebro é receptivo a todos os tipos de sinais, mas eu não ia confessar isso a uma placa.

— Eu não sonhei nada! gritei de volta, teimosa, descendo a ladeira ladeada por salamandras flutuantes.

No final da ladeira havia um prédio baixo com a palavra *café* escrita na horizontal ao longo do vidro, em letras com mais de trinta centímetros de altura, sobre uma placa que dizia ABERTO. Tendo destinado tanto espaço da janela à palavra *café*, imaginei que servissem uma xícara deliciosa, quem sabe até rosquinhas polvilhadas com canela. Mas assim que pus a mão na maçaneta notei uma placa menor balançando: FECHADO. Nenhuma explicação, nenhum *volto em vinte minutos*. Não tinha muita esperança de encontrar café, e menos ainda rosquinhas. Supus que grande parte das pessoas estava escondida, de ressaca. Não dá para reclamar de um café que fecha no Ano-Novo, ainda que um café pudesse ser, eu achava, o remédio ideal depois de uma noite de excessos.

Café recusado, sentei num banco do lado de fora repassando as situações extremas da noite anterior. Foi a última de três noites seguidas de shows no Fillmore, e eu mexia nas cordas da minha Stratocaster quando um cara com um rabo de cavalo oleoso se inclinou e vomitou nas minhas botas. O último suspiro de 2015, um jato de vômito inaugurando o novo ano. Um bom ou um mau sinal? Considerando o estado do mundo, bem, quem ia saber a diferença? Lembrando disso, vasculhei os bolsos à procura do lencinho umedecido, em geral reservado para limpar as lentes da câmera, me ajoelhei e limpei as botas. Feliz Ano-Novo, disse a elas.

Passando lentamente pela placa, uma curiosa série de frases veio em alta velocidade e vasculhei os bolsos em busca de um lápis, pensando em anotar aquilo. *Pássaros cinzentos sobrevoam a cidade polvilhada de escuridão/ Prados errantes enfeitados com névoa/ Um palácio mítico que era ainda uma floresta/ Folhas que são apenas folhas.* É a síndrome do poeta esvaziado, que precisa arrancar inspiração do ar errático, como Jean Marais no *Orfeu* de Cocteau, trancado numa garagem barroca nos arredores de Paris, em um Renault maltratado, mudando a frequência do rádio e rabiscando fragmentos em pedaços de papel — *uma gota de água contém o mundo etc.*

De volta ao quarto, localizei alguns sachês de Nescafé e uma chaleira elétrica. Fiz meu próprio café, me enrolei num cobertor, abri as portas de correr e sentei no pequeno pátio de frente pro mar. Havia um muro baixo que obstruía um pouco a vista, mas eu tinha meu café, podia ouvir as ondas e me sentia razoavelmente satisfeita.

Então pensei em Sandy. Era para ele estar aqui, num quarto no fim do corredor. A gente ia se encontrar em San Francisco antes de a banda se apresentar no Fillmore e fazer as coisas de sempre: tomar um café no Caffè Trieste, percorrer as prateleiras da livraria City Lights e atravessar a Golden Gate ida e volta escutando Doors e Wagner e Grateful Dead. Sandy Pearlman, um cara que eu conhecia fazia mais de quatro décadas, a cadência rápida quebrando o ciclo do *Anel* ou um riff de Benjamin Britten, estava sempre lá quando a gente tocava no Fillmore, com uma jaqueta de couro surrada e boné de beisebol, curvado sobre uma garrafa de refrigerante na mesa de sempre, atrás de uma cortina perto do camarim. A gente planejava desertar depois do show de Ano-Novo e dirigir tarde da noite através da neblina borbulhante até Santa Cruz. O plano era celebrar o novo ano com um almoço no seu restaurante secreto de tacos, não muito longe do Dream Motel.

Só que isso nunca aconteceu, porque Sandy foi encontrado, na véspera do nosso primeiro show, sozinho e inconsciente num estacionamento em San Rafael. Foi levado para um hospital em Marin County com hemorragia cerebral.

Na manhã do nosso primeiro show, fui com Lenny Kaye à UTI em Marin County. Sandy em coma com tubos por toda parte, envolvido num silêncio lúgubre. Um de cada lado da cama, dissemos que ele estaria com a gente em pensamento e prometemos manter um canal aberto, prontos para interceptar e aceitar qualquer sinal. Não apenas cacos de amor, como Sandy diria, mas a taça inteira.

Dirigimos de volta para o hotel em Japantown, mal conseguindo falar. Lenny pegou a guitarra e fomos até um restaurante japonês chamado On the Bridge, localizado numa passarela que ligava os centros comerciais leste e oeste. Sentamos nos fundos, numa mesa verde de madeira, os dois num silêncio perplexo. As paredes eram amarelas, cobertas de pôsteres de mangás japoneses, *Hell Girl* e *Wolf's Rain*, e de fileiras de quadrinhos que eram tipo brochuras de banca. Lenny pediu *katsu* curry e uma cerveja e eu pedi espaguete com *tobiko* e chá *oolong*. Comemos, dividimos um saquê de um jeito solene, então fomos ao Fillmore para a passagem de som. Não havia nada que a gente pudesse fazer senão rezar e tocar sem a presença entusiasmada do Sandy. Mergulhamos na primeira das três noites de retorno, poesia, discursos improvisados e rock 'n' roll com uma fúria que me deixou sem fôlego, como se desse para acordar o Sandy com as ondas sonoras.

Na manhã do meu sexagésimo nono aniversário, voltei com o Lenny ao hospital. A gente ficou ali do lado da cama e jurou a Sandy, mesmo isso sendo impossível, que não ia embora. Encontrei os olhos de Lenny, sabendo que não tinha como a gente ficar. Havia trabalho a realizar, shows a fazer, vidas para viver, ainda que de forma descuidada. A gente estava condenado a celebrar meu sexagésimo nono aniversário no Fillmore sem ele.

Naquela noite, virando as costas para a plateia por um momento durante o final de "If 6 Was 9", segurei as lágrimas enquanto torrentes de palavras se sobrepunham a outras torrentes, sobrepostas a imagens de Sandy, ainda inconsciente, a apenas uma Golden Gate de distância.

Quando o trabalho em San Francisco terminou, deixei Sandy para trás e parti para Santa Cruz sozinha. Não tive coragem de entregar o quarto dele, e sentei no banco de trás do carro com a voz de Sandy rodopiando. *Matrix Monólito Medusa Macbeth Metallica Maquiavel.* O jogo do M de Sandy, direto para a borla de veludo, com instruções que o levavam até a Biblioteca de Imaginos.

Sentei no pátio, enrolada num cobertor como uma convalescente em *A montanha mágica*, então senti o início de uma dor de cabeça estranha, provável mudança súbita no barômetro. Estava a caminho da recepção à procura de uma aspirina quando reparei que meu quarto não ficava no nível do solo mas no subsolo logo abaixo, perto da linha onde a praia começava. Tinha esquecido disso e fiquei confusa enquanto percorria a extensão do corredor mal iluminado. Incapaz de encontrar a escadaria que levava à recepção, desisti da aspirina e decidi voltar. Procurando minha chave, encontrei um rolo de gaze da grossura de um Gauloises. Desenrolei um terço dele, meio que esperando encontrar uma mensagem, mas não havia nada. Não sabia como aquilo tinha ido parar no meu bolso, mas enrolei de novo, pus de volta e entrei no quarto. Liguei o rádio e Nina Simone estava cantando "I Put a Spell on You". Os leões-marinhos estavam quietos, e eu podia ouvir as ondas à distância, o inverno da Costa Oeste. Caí na cama e dormi pesado.

Estava certa de não ter sonhado no Dream Motel, contudo, pensando nisso, cheguei à conclusão de que sonhei, sim. Mais precisamente, deslizei ao longo da borda de um sonho. Crepúsculo disfarçado de noite, desvendando a aurora e iluminando um caminho que eu voluntariamente segui, do deserto até o mar. As gaivotas gemiam e grasnavam, e os leões-marinhos dormiam, exceto o rei, mais parecido com uma morsa, que ergueu a cabeça e bramiu ao sol. Havia uma sensação de que todos tinham ido embora, um sumiço à la J. G. Ballard.

A praia estava coberta de embalagens, centenas, talvez milhares, espalhadas pela areia como penas depois da muda. Me abaixei para investigar, enfiando um punhado no bolso. Butterfingers, Peanut Chews, 3 Musketeers, Milky Ways e Baby Ruths. Todas abertas e sem vestígio de chocolate. Não havia ninguém por perto, nenhuma pegada à beira-mar, só um aparelho de som parcialmente coberto por um montículo de areia. Tinha esquecido minha chave, mas a porta de correr estava destrancada. Quando entrei no quarto, vi que continuava dormindo, então esperei, com a janela aberta, até eu despertar.

A outra-eu continuou a sonhar, mesmo sob meu olhar atento. Encontrei um outdoor desbotado que anunciava que o fenômeno das embalagens de chocolate havia se espalhado até San Diego, cobrindo um pequeno trecho da praia que eu conhecia bem, perto do píer de pesca de Ocean Beach. Segui uma trilha por pântanos intermináveis pontilhados de arranha-céus abandonados com ângulos movediços. Arbustos finos e alongados cresciam das rachaduras no cimento, ramos como braços pálidos sobressaindo das estruturas mortas. Quando cheguei à praia a lua já estava alta, destacando os contornos do velho píer. Era tarde demais, todas as evidências das embalagens tinham sido dispostas em montes e ardiam em chamas, criando uma fileira de fogueiras tóxicas que no entanto eram muito bonitas, as embalagens inflamadas ondulando como folhas artificiais de outono.

A borda de um sonho, uma borda que se expande assim! Talvez mais do que uma visita, uma premonição das coisas por vir, tipo um enorme enxame de mosquitos, nuvens negras obscurecendo os caminhos de crianças que se desequilibram nas bicicletas. As fronteiras da realidade tinham sido reconfiguradas a tal ponto que parecia necessário mapear o mosaico da topografia. Era preciso um pouco de pensamento geométrico para esquematizar tudo. No fundo da gaveta da escrivaninha havia alguns Band-Aids, um cartão-postal desbotado, uma barra de carvão e uma folha dobrada de papel vegetal, o que parecia uma sorte incrível. Prendi o papel vegetal na parede, tentando dar sentido a uma fuga impossível, mas não compus nada além de um diagrama fragmentado contendo toda a lógica improvável de um mapa do tesouro infantil.

— Use a cabeça, ralhou o espelho.
— Use a mente, recomendou a placa.

Tinha o bolso cheio de embalagens de chocolate, que espalhei sobre a mesa ao lado do cartão-postal — era um da Exposição Panamá de 1915 em San Diego, o que me fez pensar que talvez eu devesse ir a San Diego ver Ocean Beach com meus próprios olhos.

Meu apetite cresceu durante a análise infrutífera. Encontrei uma lanchonete retrô ali perto com o nome de Lucy's e pedi queijo quente no pão de centeio, torta de mirtilo e café preto. No reservado atrás de mim havia algumas crianças, talvez pré-adolescentes. Não tinha prestado atenção no que elas estavam dizendo, mais embalada pelo som das vozes, como se flutuassem da jukebox, um seletor de músicas acionado por moedas, instalado na mesa. As crianças-jukebox estavam falando baixo, um zumbido que gradualmente se transformou em palavras.

— Não, são duas palavras, uma combinação substantivo-adjetivo.
— Nem pensar, são duas palavras diferentes, não é uma combinação, são só duas coisas diferentes. Um é adjetivo e um é substantivo.

Um sumiço à la J. G. Ballard.

— É a mesma coisa.
— Não, você disse combinação. Não é combinação. Elas são separadas.
— Vocês são todos uns imbecis, disse uma voz nova. E então silêncio. Ele devia ter influência, porque todos calaram a boca e escutaram.
— É uma coisa. Uma descrição. É uma coisa. Embalagem de chocolate é um substantivo.

Minha atenção foi fisgada. Não podia ser coincidência. O zumbido subia como vapor de um bloco de gelo-seco. Paguei a conta e parei de forma casual no reservado deles. Quatro nerds agressivamente descolados.

— Ei, sabe alguma coisa a respeito disso? eu disse, alisando uma embalagem.
— Eles escreveram Chews errado. Com Z.
— Você sabe de onde isso pode ter vindo?
— Talvez alguma imitação chinesa.
— Bom, me avise se souber de alguma coisa.

Enquanto eles me olhavam com um divertimento crescente, peguei a embalagem falsificada de Peanut Chews. Por algum motivo, não tinha notado o Z errado. A mulher no caixa estava abrindo um pacote de moedas. Me dei conta de que não tinha deixado gorjeta e voltei ao reservado.

— Aliás, eu disse, parando na frente deles, embalagem de chocolate é sem dúvida um substantivo.

Eles se levantaram e esbarraram em mim quando saíram, sem deixar gorjeta. Notei que todos tinham uma mochila azul com uma listra amarela vertical. O último a sair me deu uma encarada. Ele tinha cabelo escuro e ondulado, o olho direito ligeiramente estrábico, mais ou menos como o meu.

Meu celular estava vibrando. Era o Lenny ligando para falar do Sandy, e a notícia era que não havia notícia alguma. Silêncio estável demandando paciência e oração. Entrei num brechó e comprei por impulso uma velha camiseta *tie-dye* do Grateful Dead com a cara do Jerry Garcia estampada. Havia duas pequenas estantes nos fundos com pilhas de *National Geographic*, romances do Stephen King, video games e CDs aleatórios. Encontrei algumas edições antigas da *Biblical Archaeology Review* e uma brochura desgastada de *Aurélia*, de Gérard de Nerval. Tudo era barato, com exceção da camiseta com o Jerry, mas ela valia o preço, a cara sorridente dele exalando vapores de amor químico.

De volta ao quarto, me surpreendeu que alguém tivesse descolado o diagrama da parede e o enrolado. Coloquei a camiseta com o Jerry no travesseiro, me estatelei na poltrona e abri *Aurélia*, mas mal passei da primeira e magnífica frase. *Nossos sonhos são uma segunda vida*. Caí brevemente num sonho sobre revolução, a Francesa, ou seja, com jovens companheiros vestidos com camisas folgadas e culotes de couro. O líder deles está amarrado com tiras de couro a um portão pesado. Um discípulo se aproxima com uma tocha, segurando firme enquanto o fogo queima através do nó grosso. O líder fica livre, com os pulsos escuros e cheios de bolhas. Ele chama em voz alta pelo cavalo e então me diz que formou uma banda chamada Substantivo Glitter.

— Por que Glitter? eu disse. *Sparkle*, faísca, é melhor.

— É, mas esse a Sparklehorse já usa.

— Por que não Substantivo? Mais direto.

— Substantivo. Eu gosto, disse o líder. Vai ser Substantivo.

Ele monta no *appaloosa* malhado, estremecendo quando as rédeas encostam no pulso.

— Tem que cuidar disso aí, eu disse.

Ele tem cabelo escuro e ondulado e um olho estrábico. Ele balança a cabeça e vai embora com a banda rumo aos pampas distantes, parando para pegar água num córrego acidentado onde as mesmas embalagens cheias de erros de ortografia ondulavam na correnteza como pequenos peixes multicoloridos.

Acordei de repente e olhei as horas, quase não havia diferença. Distraída, peguei uma das revistas de arqueologia bíblica. Sempre gostei de ler essas coisas, como ramificações de coletâneas de detetive, sempre perto de descobrir um fragmento de aramaico ou localizar os vestígios da arca de Noé. A capa era bem atraente. *Morte no Mar Morto! O rei Saul foi empalado na muralha de Betsã?* Vasculhando a memória, podia ouvir o mantra ressonante das mulheres, celebrando enquanto os homens voltavam da guerra. *Saul massacrou milhares, e Davi dezenas de milhares.* Procurei uma Bíblia na gaveta, mas era em espanhol, quando lembrei que Saul, tendo sido ferido pela flecha de um inimigo, caiu de propósito em cima da própria espada, poupando a si mesmo da humilhação de ser ridicularizado e torturado pelos filisteus.

Escaneei o quarto à procura de outra distração, então agarrei o cobertor e voltei ao pátio, gastando vários minutos num exame da embalagem de Peanut Chewz, mas sem me concentrar em nada. Tinha a nítida sensação de que alguma coisa ia acontecer. Temia que fosse um evento excruciante, uma coisa bem repentina ou pior, um profundo não evento. Estremeci pensando em Sandy.

As horas escoavam. Saí para dar uma caminhada, contornando o hotel e passando pela placa em homenagem a Jack O'Neill, o famoso surfista que inventou um novo tipo de roupa impermeável. Tentei imaginar os surfistas dos velhos filmes *Gidget*. O Troy Donahue usava roupa impermeável? E o Moondoggie? Eles realmente surfavam? Tomei o cuidado de evitar lançar um olhar à placa do Dream Motel, mas aí o vento ficou subitamente mais forte, as palmeiras dobraram e oscilaram e fui atacada por uma arrogância moderada.

Ayers Rock, Uluru.

— Sonhando aqui, estamos?

— Não, nem uma coisinha de nada, eu garanto. Sem sonhos. Sem sonhos. Tudo continua na mesma, sem novidades.

A placa se tornou inteiramente animada, me alfinetando com insinuações, perguntas capciosas, testando a minha mente com números de telefone antigos e exigindo que eu conhecesse as sequências de certos álbuns, como a música antes de "White Rabbit", ou a música entre "Queen Jane Approximately" e "Just Like Tom Thumb's Blues". Qual era, falando nisso? Ah, "Ballad of a Thin Man". Não, não era essa, mas a lembrança trouxe o refrão de volta, sem parar — *something is happening, but you don't know what it is*. Outro lance para provocar, provavelmente. De alguma forma aquela maldita placa estava a par de tudo, meus altos e baixos, o conteúdo dos meus bolsos, incluindo as embalagens, a moeda de 1922 e um fragmento da crosta vermelha de Ayers Rock que eu ainda não tinha achado, numa trilha em Uluru que ainda não havia feito.

— Quando você viaja? É um voo longuíssimo, você sabe.

— Viaja pra onde? Não vou a lugar nenhum, eu disse, presunçosa, tentando ocultar quaisquer pensamentos que envolvessem uma futura viagem, mas o grande monólito despontava de forma teimosa, emergindo do meu mar mental como um submarino bêbado.

— Você está indo! Eu vejo! Maus presságios. Poeira vermelha pra todo lado. Basta ler os sinais.

— Como você sabe? exigi, totalmente exasperada.

— Senso incomum, respondeu a placa. E por favor! Uluru! É a capital mundial do sonho. É natural que você esteja indo!

Um casal apaixonado passou por mim, e de uma hora para a outra a placa era só uma simples placa, muda e impenetrável. Parei na frente dela para avaliar a situação. O problema dos sonhos, fiquei pensando, é que uma pessoa pode ser arrastada para um mistério que não é de forma alguma um mistério, dando origem a observações absurdas e a um discurso incapaz de produzir uma mísera conclusão baseada na realidade. Tudo aquilo remetia às brincadeiras da Alice e do Chapeleiro Maluco.

Por outro lado, a placa tinha captado minha vontade real-até-demais de iniciar a jornada rumo à região central do deserto da Austrália para ver Ayers Rock. Sam Shepard falava bastante da viagem solitária para Uluru e de como um dia a gente poderia ir junto, prolongando a estadia em cidades dos arredores, atravessando o interior, margeando as bordas das planícies pontuadas de *spinifex*. Mas Sam tinha sido afetado pela esclerose lateral, e conforme seus desafios físicos aumentavam, todos os planos trançados de um jeito frouxo se desfizeram. Me perguntei se o destino, assumindo a voz da placa, estava sugerindo que eu ainda ia poder ver o monólito vermelho com meus próprios olhos, sem dúvida levando Sam comigo, seguro em algum lugar incerto do meu ser.

Já era tempo de encontrar alguma coisa para comer. Contornei o píer movimentado e andei sem rumo por algumas ruas laterais, parando na frente do Las Palmas Taco Bar. De alguma forma, levando em conta que nunca estivera ali, o lugar parecia familiar. Sentei nos fundos e pedi feijão-preto e tacos de peixe. O café tinha um leve gosto de chocolate asteca. Coisa do Sandy, sem dúvida. Seria esse o lugar secreto de tacos dele? Alguma coisa parecia conduzir meus movimentos supostamente improvisados. Pedi uma segunda xícara, bebendo devagar, começando a me sentir ligada ao perímetro do Dream Motel de uma forma irracional. É melhor cair fora daqui, pensei, para não acabar como o soldado em A *montanha mágica*, que sobe a montanha e nunca desce. Fechei os olhos imaginando meu quarto e pude ver a porta de correr aberta para o rugido das ondas obscurecidas por

um muro baixo, só um muro de cimento, talvez caiado, a não ser que cimento pudesse por si só ser branco.
— Pelo amor de Deus, pode ser de qualquer cor. Tintura. Tintura.
Aquela placa desgraçada tinha me seguido até a Front Street?
— Você disse verdura? eu sussurrei. Estranha sugestão gastronômica à beira-mar. Você provavelmente se refere ao prato do dia, com cavala e um pouco daquela salada de repolho obrigatória, um prato de que nunca gostei.
— Salada de repolho não é um prato, é um acompanhamento. E é TINTURA, não verdura.
Recusando qualquer transmissão adicional, engoli meu café, paguei a conta e me apressei de volta. Tinha algumas palavras para aquela placa, pessoalmente.
— Você me parece um pouco irritada, eu disse, abrindo vantagem.
A placa fungou.
— E parece pálida também. Uma tintura cairia bem em você, quem sabe um pouco de azul-celeste para retocar essa estrela deplorável.
— Humpf. Poderia te dizer uma ou duas coisas sobre tintura, sibilou a placa. Por exemplo, a cor secreta da água e onde esses pigmentos podem ser encontrados, várias léguas debaixo da terra, onde não há nem vestígio de água.
Era óbvio que eu tinha atingido um ponto fraco, porque de repente fui girada e envolvida em redemoinhos de vento translúcido. O chão estrondou e um abismo se abriu. Me pus de joelhos e contemplei um labirinto de cavidades que abrigavam montes de pedras preciosas, quinquilharias de ouro e rolos de pergaminho. Era o mundo subterrâneo maravilhoso que tinha imaginado quando criança, com elfos e gnomos e as cavernas de Ali Baba.

Me senti plena de felicidade ao ver que coisas assim de fato existiam. Uma alegria rapidamente seguida pelo remorso. Uma nuvem teimosa ultrapassou o sol, o frio do ar cedeu e então tudo era o que era. Fiquei de pé diante do meu nobre oponente esperando ser punida.

— Há muitas verdades e muitos mundos, disse a placa de forma solene.

— Sim, eu disse, me sentindo um bocado humilde. E você tinha razão. Eu sonhei, uma série de sonhos, e eles eram muito mais do que sonhos, como se tivessem origem no alvorecer da mente. Sim, realmente sonhei.

A placa ficou muito quieta. As palmeiras pararam de se mover, e um silêncio doce envolveu a colina.

Enquanto estava sentada debaixo das letras enormes que formavam a palavra *café*, conheci um casal que ia viajar para San Diego. Vi isso como um sinal auspicioso. Uma viagem de oito horas, e eu ia poder ir junto por oitenta e cinco dólares. Combinamos que nos encontraríamos de manhã. Sem conversa, era essa a regra. Concordei depressa, sem pensar de fato em nada daquilo.

Naquela noite, apesar do frio, caminhei pelo píer de Santa Cruz, o maior píer de madeira dos Estados Unidos, quase um quilômetro de comprimento. Foi usado para embarcar batatas de San Francisco para os campos de mineração de Sierra Nevada durante a corrida do ouro. Normalmente animado, agora não havia uma alma ali, nenhum avião sobrevoando, nenhuma embarcação à vista, só os gemidos e chiados dos leões-marinhos adormecidos.

Liguei para o Lenny, dizendo que não ia voltar por um tempo. Falamos do Sandy com tristeza. A gente se conhecia fazia muito tempo. Fomos apresentados em 1971, depois da minha primeira performance poética, Lenny me acompanhando na guitarra elétrica. Sandy Pearlman estava sentado de pernas cruzadas no chão da igreja St. Mark, com roupas de couro no estilo Jim Morrison. Eu tinha lido seus *Excertos da história de Los Angeles*, uma das melhores coisas já escritas a respeito do rock. Depois da performance, ele me disse que eu deveria montar uma banda de rock, mas eu só ri e disse a ele que já tinha um bom emprego numa livraria. Aí ele enveredou por uma referência a Cérbero, o cão de Hades, e sugeriu que eu deveria me aprofundar naquela história.

— Não apenas a história de um cachorro, mas a história de uma ideia, ele disse, mostrando os dentes muito brancos.

Ele soou arrogante, ainda que de um jeito atraente, mas a sugestão de que eu deveria montar uma banda de rock, embora improvável, pareceu interessante. Naquela época eu estava com o Sam Shepard, e contei a ele o que Sandy tinha dito. Sam me olhou nos olhos atentamente e disse que eu podia fazer qualquer coisa. Nós éramos todos jovens, e essa era a ideia geral. Que podíamos fazer qualquer coisa.

Sandy agora inconsciente na UTI em Marin County. Sandy atravessando os últimos estágios da aflição. Senti uma atração cósmica em múltiplas direções e me perguntei se algum campo de força idiossincrático ainda estava protegendo outro campo, um com um pequeno pomar no cerne, pesado com uma fruta contendo um núcleo insondável.

De manhã encontrei o casal na estrada. Nada além de hostis, os dois. Tive que despejar o café no meio-fio para que não derramasse e pagar adiantado antes de me deixarem entrar no carro, que estava todo amassado. O chão estava forrado de latas de repelente de insetos e de Tupperwares com mofo, e parecia que os assentos de couro tinham sido rasgados com facas serrilhadas. Várias cenas de crime me passaram pela cabeça, mas o gosto musical deles era ótimo, músicas que eu não ouvia fazia décadas. Depois da sexta faixa, "Butterfly" de Charlie Gracie, não me segurei.

— Que playlist ótima, deixei escapar.

Para minha surpresa, eles pararam de forma brusca no acostamento. O cara saiu e abriu minha porta, acenando com a cabeça.

— A gente disse sem conversa. É a regra principal.

— Mais uma chance, por favor, eu disse.

Contrariado, o cara deu a partida no carro e lá fomos nós. Queria perguntar se era permitido cantar sozinha ou ofegar quando começasse uma música boa de verdade, embora até aquele momento todas fossem ótimas, da superdançante à mística e obscura. "Oh Donna". "Summertime". "Greetings (This Is Uncle Sam)". "My Hero". "Endless Sleep". Me perguntei se eles eram de Philly, a cidade das velharias, era esse o tipo de música. Sentei num silêncio dócil, cantando mentalmente, levada de volta às reuniões dançantes da adolescência e a um garoto chamado Butchy Magic, um italiano loiro de South Philadelphia que raramente falava mas tinha um canivete, e que atravessou o território do dever de casa para entrar nos sonhos e ficar morando numa das câmaras silenciosas de um coração jovem e não correspondido.

Quando a gente parou para abastecer, peguei minha bolsa e fui ao banheiro, lavei o rosto, escovei os dentes, peguei um café pra viagem e voltei em perfeito silêncio bem a tempo de ver os dois acelerando rumo ao horizonte das músicas R&B esquecidas. Mas que diabos? Tá bom, então. "My Hero", eu berrei. Essa foi ótima! Quem é que toca "Endless Sleep" ou "Greetings This Is Uncle Sam"? Fiquei lá gritando um inventário de todas as músicas ótimas que eu tinha saboreado em silêncio.

Um segurança se aproximou.

— Tudo bem, senhorita?

— Ah, sim, foi mal. Acabei de perder minha carona pra San Diego.
— Hmmm. Minha nora vai pra San Diego. Se vocês racharem o dinheiro da gasolina, ela com certeza te leva.
O nome dela era Cammy, e era dona de um Lexus. Sentei no banco da frente. O banco de trás estava lotado de caixas em que se lia *Conserva*, e em algumas *Avon*.
— O porta-malas está cheio de vidros de conserva, ela disse. São para uma amiga. Ela tem um restaurante de comida orgânica. Preparo de tudo para ela. Cebolas, tomates, pepinos, aquelas espiguinhas de milho. Ela vende no restaurante. E um lugar especializado em cachorros-quentes gourmet fez uma boa encomenda dos meus molhos.
Cammy metia o pé no acelerador, o que não era um problema para mim. Ela também era um bocado tagarela, trocando a estação de rádio enquanto falava, e então do nada iniciando outra conversa com a voz incorpórea do locutor. Ela usava pequenos fones de ouvido e tinha um segundo celular carregando. Cammy nunca parava de falar. Ela fazia uma pergunta e então dava uma resposta de acordo com o próprio ponto de vista. Eu mal disse uma palavra. Ainda em silêncio, mas era um tipo diferente de silêncio. Finalmente perguntei se ela ouvira falar nas embalagens de doces espalhadas pela praia perto do píer de OB.
— Não brinca, ela disse, isso é tão estranho, tiveram o mesmo problema em Redondo Beach, mas não na praia, na verdade foi nos fundos da usina. Centenas, talvez milhares de embalagens. Maluquice, né?
— É, eu disse, embora não parecesse maluquice. Parecia bem planejado.
— Você soube das crianças desaparecidas?
— Não, eu disse.

O telefone dela tocou e ela matraqueou alguma informação, sem dúvida relacionada a uma encomenda feita ao império de conservas.

— O mundo inteiro tá enlouquecendo, ela continuou. Passei a primavera passada no Queens e os arbustos de azaleia da minha irmã floresceram semanas antes do tempo. Então do nada veio uma geada e morreram todos. Quer dizer, você pode cobrir as plantas com juta se receber algum alerta, mas tudo aconteceu do dia pra noite. Todas aquelas flores mortas, ela ficou arrasada. E os esquilos no Central Park — você soube disso? Ficou tão quente que eles saíram da hibernação, totalmente confusos, e aí nevou em abril, e ainda por cima na Páscoa. Nevando na Páscoa! Dez dias depois, os caras que recolhem o lixo com aquelas pás compridas acharam eles. Dezenas de esquilos bebês com as mães, mortos de frio. É loucura, sério. O mundo inteiro tá enlouquecendo.

Cammy me deixou na Newport Avenue, perto do píer de Ocean Beach, dei uma nota de cinquenta para ela e ela me deu uma piscadela e tocou em frente. Fiz o check-in no velho San Vicente Hotel, que, com exceção do nome, não tinha mudado muito ao longo das décadas. Estava feliz de voltar ao mesmo quarto no segundo andar. Uma vez tinha imaginado como seria viver nesse quarto, escondida na obscuridade, escrevendo histórias de detetive. Abri a janela e olhei para fora, para o longo píer de pesca com o café solitário, uma visão que me encheu com a dor de uma nostalgia bem-vinda. Ventava um pouco e o som das ondas parecia amplificar o chamado de algum outro lugar, mais surreal que real.

Lavei a roupa suja na pia e pendurei no chuveiro para secar, então peguei a jaqueta e o gorro e dei uma volta rápida na praia. Enquanto bisbilhotava ao redor, lembrei que Cammy não tinha terminado de me falar das crianças desaparecidas. De qualquer

WOW Café, píer de OB.

forma, não havia sinais de um cerco de embalagens, nada fora do comum. Andei pela extensão do píer direto para o wow Café. Podia ver à distância um pelicano empoleirado no topo da parede onde havia a palavra *café* escrita em letras azuis enormes. Outra visão que me encheu do conforto da familiaridade. As pessoas que faziam café ali estavam em contato com Deus. O café deles não vem de lugar nenhum, não são grãos de Kona, Costa Rica ou dos campos da Arábia. É só café.

O wow estava inesperadamente cheio, então me sentei na ponta de uma mesa comum, dominada por dois caras que se apresentaram como Jesús e Ernest, e uma loira estilo pinup que continuou sem nome. Jesús era de Santiago. Não dava para dizer quanto a Ernest, talvez mexicano, talvez russo; os olhos dele ficavam oscilando como um anel do humor, do cinza puro para cor de chocolate.

Me vi arrastada para a conversa, que girava em torno de uma série de crimes hediondos recentes, porém, depois de identificar algumas palavras-chave, percebi que eles na verdade estavam discutindo se os assassinatos de Sonoma em "A parte dos crimes", uma das partes de 2666, obra-prima de Roberto Bolaño, eram reais ou fictícios. Num impasse, eles olharam para mim com expectativa; afinal, já fazia alguns minutos que eu estava escutando. Tendo lido e relido o livro, eu disse que era provável que os assassinatos fossem reais e que as garotas que ele descreveu fossem metáforas das garotas reais embora não necessariamente as garotas verdadeiras. Mencionei ter ouvido que Bolaño obteve, de um investigador de polícia aposentado, um relatório a respeito dos assassinatos não solucionados de várias jovens de Sonoma.

— É, ouvi isso também, disse Ernest, embora ninguém possa assegurar se a história que circulou sobre o investigador de polícia era real ou criada para dar credibilidade a um relatório policial inventado.

— Talvez tenham sido descrições exatas do relatório policial mas com nomes trocados, Jesús disse.

— Então tudo bem, vamos supor que eles fossem reais, ter sido usados por Bolaño num trabalho de ficção faz com que se tornem ficção? perguntou Ernest, me espreitando com seus olhos mutáveis.

Eu tinha uma resposta para dar, mas não disse nada. Fiquei imaginando o que acontece aos personagens de livros cujos destinos são deixados em suspenso por escritores que morrem. A discussão se esgotou e pedi sopa com torradas. No verso do menu havia a história do café. wow era um acrônimo para *walking on water*. Pensei em milagres, em Sandy inerte. Por que fui embora? Pensei em ficar perto do hospital, fazer vigília, suplicar por um milagre, mas não fiz nada disso, temendo corredores enganosamente antissépticos e zonas invisíveis de bactérias, que desencadeiam um instinto de autopreservação e um desejo de fuga que sobrepujam todos os outros.

Jesús e Ernest tinham retomado o ritmo, falando ao mesmo tempo, às vezes escorregando para o espanhol, e perdi o momento em que a discussão mudou para a primeira parte de 2666, "A parte dos críticos". O que os interessava eram especificamente os sonhos dos críticos. Um com uma piscina infinita e sinistra e outro com uma massa de água viva.

— O escritor deve conhecer os próprios personagens tão bem a ponto de ter acesso ao conteúdo dos sonhos deles, Ernest ia dizendo.

— Quem criou os sonhos? perguntou Jesús.

— Bem, quem senão o escritor?

— Mas o escritor criou os sonhos ou canalizou os verdadeiros sonhos dos personagens?

— É tudo uma questão de transparência, disse Ernest. Ele vê através dos crânios deles quando estão dormindo. Como se fossem de cristal.

A loira parou de beliscar a salada de repolho e retirou um maço de cigarros da bolsa. Tinha cara de estrangeiro, um pacote branco com as palavras *Philip Morris* estampadas em vermelho. Ela colocou o maço na mesa, ao lado de um daqueles celulares de abrir.

— Mais impressionante ainda é a utilização nada ortodoxa das quebras de linhas, ela disse, tragando profundamente. A *água estava viva*, ele escreveu, e então insere a quebra de linha. O leitor é abandonado no meio de uma piscina comprida, escura e infinita sem nem mesmo uma boia.

Nós a olhamos maravilhados. Ela parecia de repente muito mais avançada que o resto de nós. Eu não estava mais com fome. Quem poderia trazer à tona uma quebra de linha e assim encerrar a discussão?

Era um bom momento para sair e tomar um ar. Andei até o fim do píer, imaginando Sandy com o boné de beisebol parado numa vaga do estacionamento dentro da van branca, a van de um acumulador intelectual, com pilhas de livros, arquivos, peças de amplificadores e computadores obsoletos. Quando era mais novo ele tinha um carro esportivo, e a gente dirigia ao longo do Central Park, parando no Papaya King ou seguindo até a ponta de Manhattan. Em algum momento ele mudou para a van branca, e nos anos 90, depois de um show em Portland, a gente dirigiu até Ashland para ver uma montagem moderna de *Coriolano* no Festival de Shakespeare do Oregon. Sandy amava Shakespeare, especialmente *Sonho de uma noite de verão*. A ideia de transformar homens em burros o deixava fascinado. Contei a ele que Carlo Collodi transformava meninos malvados em burros iludidos em *Pinóquio*. Mas o Bardo fez isso primeiro, ele retorquiu com ar triunfante.

Durante algum tempo, planejamos uma ópera baseada em Medeia. Não a ópera tradicional, que exigiria cantores com uma vida inteira de prática, mas ainda assim uma ópera. Ele queria que eu fosse a Medeia. Disse a ele que estava velha demais para isso, mas Sandy argumentou que a Medeia só precisava ser formidável, e que eu era mais do que capaz de transpor o brilho de seu espelho partido.

— Cacos de amor, Patti, ele diria. Cacos de amor.

Falávamos dessas coisas em conversas intermináveis tarde da noite, procurando um lugar para comer uma fatia de cheesecake. Nossa *Medeia*. Me pergunto se ele escreveria um dia. Mas me parece que de alguma forma a gente escreveu, na van, sob as estrelas mutáveis lá no alto.

De volta à mesa, nada havia mudado, embora o assunto tivesse passado para corridas de cachorro. A loira tinha um ex-noivo que era dono de nada mais nada menos que três campeões em St. Petersburg.

— Eles têm corrida de cachorros na Rússia?

— Não, na Flórida, pelo amor de Deus.

— A gente devia ir. Você pode pegar um Greyhound* de Burbank até Tampa.

— É, com pelo menos três baldeações. Mas eles estão fechando tudo, foi o que eu ouvi. É péssimo para os cachorros, bandos de galgos extremamente qualificados desempregados.

— Cachorros de corrida não ficam desempregados.

— Eles vão ser mortos.

Ela pressionou um papel-toalha sobre as pálpebras para remover a cola dos cílios longos.

— Dá pra matar alguém com esses cílios.

A loira de repente se levantou. Ela era mesmo especial no fim das contas, esperta e com curvas de Jayne Mansfield.

---

* O *greyhound*, ou galgo inglês, inspirou o nome e o logotipo da empresa de transporte rodoviário. O trocadilho *take a Greyhound* é intraduzível. (N. T.)

Jesús e a loira se foram. Ernest colocou no bolso o lenço embolado com os cílios. Parecia ter alguma coisa em mente. Ele ficou ali sentado durante alguns minutos, girando uma moeda no próprio eixo, então simplesmente se levantou e saiu. Tive a estranha sensação de que Ernest não era de fato um estranho, mas não consegui identificá-lo. Fiquei absorta em pensamentos sem importância até o sol se pôr. Hora de fechar, porque o wow nunca foi um café noturno.

A luz da manhã atravessou a colcha fina. Por um momento pensei que estava de volta ao Dream Motel. Estava com fome e me apressei escada abaixo, passei por umas crianças jogando bola na praia e andei pelo píer de volta ao wow. Pedi feijão e ovos fritos, e estava na segunda xícara de café mergulhada num suspense de Martin Beck, *Assassinato no Savoy*. Ernest tinha entrado com seus mocassins silenciosos e estacionado na minha frente.

— O *policial que ri* é melhor, ele disse.

— É, eu disse, surpresa com a presença dele, mas esse eu já li duas vezes.

Ficamos sentados conversando por um tempo. Não pude deixar de admirar a tranquilidade mútua com que a gente escorregava de um tópico obscuro a outro, de escritores suecos de livros policiais a extremos climáticos.

— O que você acha disso? ele perguntou.

Um recorte amarelado de um jornal de 2006. FURACÃO ERNESTO RESSUSCITA OS MORTOS. A imagem de um pequeno lote com lápides caídas.

— Isso foi na Virginia?

— Foi numa ilha na costa da Virginia. Nome igual ao meu.

— A ilha?

— Não. O furacão.

Ele tornou a dobrar o recorte com cuidado e o enfiou numa carteira desgastada de pele de cobra, quando uma pequena fotografia em preto e branco escorregou. Vi de relance um garotinho e uma mulher num vestido escuro florido. Queria perguntar a respeito, mas ele pareceu subitamente incomodado. Em vez disso, contei do sonho que tive em Santa Cruz, as embalagens com as cores erradas, as fogueiras ao crepúsculo e a sensação envolvente de uma calma estranha e química.

— Alguns sonhos não são sonhos, só outro ângulo da realidade física.

— Como eu deveria interpretar isso? perguntei.

— A coisa com os sonhos, Ernest ia dizendo, é que as equações são resolvidas de um jeito inteiramente único, roupas recém-lavadas endurecidas no vento, e nossas mães mortas aparecem de costas.

Só olhei para ele, imaginando quem ele me lembrava.

— Olha, ele continuou em voz baixa, as fogueiras ainda não aconteceram. Você vai topar com elas mais tarde na praia, exatamente no crepúsculo.

O céu estava nublado, permeado por um brilho estranho e ilógico. Tentei calcular a hora exata do crepúsculo. Provavelmente pegaria o celular se ele não estivesse sem bateria. Tirei as botas no caminho de volta e andei descalça na água gelada. Como alguém que não sabe nadar, era o mais longe que eu ia. Pensei em Sandy. Pensei em Sam. Pensei em Roberto Bolaño, só cinquenta anos de idade, morrendo num hospital em vez de numa caverna numa costa escarpada, ou num apartamento em Berlim, ou na própria cama.

De olho no horário que Ernest tinha indicado, fiquei ali por perto. No arco decrescente da tarde, sentei para escrever numa pequena mesa dobrável branca perto da janela do hotel. Tinha uma foto da minha filha entre as páginas do caderno. Ela estava sorrindo embora parecesse à beira das lágrimas. Escrevi coisas ligadas a placas e estranhos, embora nada a respeito dos meus filhos, ainda que eles estivessem sempre presentes. O sol estava a pino. Senti que estava me rendendo, tragada pela quietude abstrata.

Acordei com um sobressalto. Não podia acreditar que tinha caído no sono de novo, ainda mais sentada a uma mesa dobrável. Montei depressa a tábua de passar, que era portátil e forrada com um tecido amarelo, desenrolei as barras da calça ainda molhadas, sacudi a areia e passei a ferro até secarem, então me apressei escada abaixo e fui até a praia. Já estava anoitecendo, mas achei que Ernest ainda estaria ali. Embora talvez eu tivesse dormido mais do que supunha, porque parecia que tinha perdido a melhor parte, não havia ninguém por perto, só um longo corredor de pequenos restos de fogueiras em brasa. Me senti nauseada por um momento, como se tivesse inalado fumaça dos mortos.

Dois seguranças apareceram de repente, me acusando de iniciar fogueiras ilegais. Me vi balbuciando, incapaz de responder às perguntas deles. Por alguma razão, não conseguia me lembrar do que estava fazendo aqui, não só a cena das fogueiras, mas *aqui* para início de conversa. Cavouquei o nevoeiro com as unhas. Sandy estava no hospital. A gente estava indo para o Dream Motel para escrever um trecho de *Medeia*, a parte em que ela cai num transe e anda em direção ao futuro, usando um caftã preto e colares com imensas contas de âmbar em que foram esculpidas cabeças de pássaros sagrados.

— É uma ópera, eu ia dizendo a eles, Medeia tira as sandálias e caminha pelos restos das fogueiras ainda em brasa, uma depois da outra, sem dar sinais de emoção.

Eles pareceram tão perplexos quanto eu. A impressão que eu causava era ruim, mas não conseguia armar nada melhor. Eles me deram uma advertência, acompanhada de um sermão

Eu poderia viver aqui por um tempo.

sobre o protocolo da praia, regras e multas. Voltei depressa para o quarto, cuidando para não olhar para trás. Tinha sido Ernest quem me contara sobre as fogueiras, uma reunião no crepúsculo. Eu sabia disso. Por que não falei nada? Comecei a pensar que ele tinha inventado um tipo de gatilho verbal que fechava um portal de forma temporária. Era o portal para ele, digo. Um dispositivo muito bom, eu pensava, mas também bastante enganador se usado da forma errada. Tentei decifrar qual seria a forma errada, mas parecia absurdo demais. Você está sonhando, eu disse a mim mesma olhando para o longo píer evidenciado pela luz da lua. Na mesma hora tive um lampejo da placa no topo da colina, envolta num mosquiteiro preto.

Manhã. Primeira luz, a lua desbotada ainda visível. Dobrei o resto das roupas que tinham secado, então sentei perto da janela e terminei *Assassinato no Savoy*. Perto do final, a viúva do policial morto em *O policial que ri* dorme com o detetive Martin Beck num hotel de Estocolmo, algo que não imaginei que fosse acontecer. Mais longe na estrada, gaivotas disputavam os restos de um sanduíche; não havia nenhum sinal de fogueiras na praia.

De volta ao wow, decidi esquecer toda aquela história das fogueiras e pedi café e torradas com canela. O lugar estava bem vazio e parecia agradavelmente meu. Desejei de fato poder viver ali por um tempo, no próprio wow, num quarto nos fundos sem nada além de uma simples cama de campanha, uma mesa onde escrever, uma geladeira velha e um ventilador de teto. Toda manhã eu faria meu café num bule de lata, arranjaria feijões e ovos e leria as notícias locais no jornal. Só zonas de transição. Sem regras. Sem mudança. Mas tudo muda afinal. É assim que o mundo é. Ciclos de morte e ressurreição, mas nem sempre do jeito que a gente imagina. Por exemplo, todos nós vamos ressuscitar parecendo bem diferentes, vestindo roupas que não usaríamos nem mortos.

Terminal da Greyhound, Burbank.

Olhando buraco acima, perceptivamente em chamas, vi Ernest conversando com Jesús, que parecia bastante agitado. Ernest pousou a mão no ombro do amigo e Jesús se acalmou, se benzeu e saiu de um jeito abrupto. Ernest se sentou e me contou o que aconteceu. Jesús e a loira estavam a caminho da estação da Greyhound no centro de Los Angeles, dois dias e dezenove horas num ônibus para Miami, e então alugar um carro até St. Petersburg.

— Jesús parece alterado.
— Muriel tem um bocado de bagagem.
A loira tinha um nome.
— Você devolveu os cílios dela? eu perguntei.
— Uma gaivota deu um rasante e levou, provavelmente pra fazer um ninho.

Evitei o olhar dele para não flagrá-lo numa mentira. Com o olho da mente, conseguia ver os cílios com nitidez, sem o menor esforço, enrolados no mesmo pedaço de papel no alto de uma velha cômoda debaixo do quadro de um farol engolido por um nevoeiro mal pintado. Notei o livro que ele tinha deixado em cima da mesa, *O triângulo aritmético de Pascal*.

— Você está lendo isso aí? eu perguntei.
— A gente não lê livros como esse, a gente assimila.

Fazia total sentido para mim, e eu estava certa de que ele tinha uma longa regressão linear planejada, nem que fosse só para me distrair do assunto das fogueiras, mas num impulso tracei minha própria linha, tentando mudar os ângulos.

— Sabe, eu estive em Blanes alguns anos atrás.

Ele me olhou confuso: era óbvio que não conseguia entender aonde eu ia chegar com isso.

— Blanes?
— É. Uma cidade litorânea meio anos 60 na Catalunha onde o Bolaño morou até morrer. Foi lá que ele escreveu 2666.

Ernest ficou muito sério de repente. O amor dele por Roberto Bolaño era algo que quase dava para tocar.

— É difícil imaginar como deve ter sido pra ele, acelerando rumo à linha de chegada. Ele dominava a capacidade que poucos conseguem atingir, como Faulkner ou Proust ou Stephen King, o talento de escrever e pensar simultaneamente. A prática diária, foi assim que ele chamou.

— A prática diária, eu repeti.

— Ele deixa isso claro nas primeiras páginas de O *Terceiro Reich*. Você leu esse?

— Parei de ler na metade, me deixou aflita.

— Por quê? ele disse se inclinando. O que você achou que ia acontecer?

— Não sei, algo ruim, algo derivado de um mal-entendido que saísse do controle, como em O *príncipe e o mendigo*.

— Você está falando com medo.

— É, imagino que sim.

Ele deu uma olhada no meu caderno aberto.

— Sua escrita provoca isso? Essa coisa aflitiva?

— Não. Exceto talvez por uma aflição cômica.

— O *Terceiro Reich*. É só o nome de um jogo de tabuleiro. Ele era obcecado por jogos de tabuleiro. E um jogo é só um jogo.

— É, acho que sim. Sabe, eu vi os jogos dele.

Ernest se iluminou como uma máquina de pinball quando tudo sai do jeito que o jogador queria.

— Você viu eles? Os jogos do Bolaño!

— Sim, eu visitei a família dele quando estive em Blanes. Os jogos ficavam numa prateleira num armário. Tirei uma foto deles, mas talvez não devesse ter feito isso.

— Posso ver a foto? ele perguntou.

— Claro, eu disse. Pode ficar com ela, mas pode ser que leve um tempo até eu encontrar.

Ele pegou seu livro, aquele com a capa vermelha e amarela exibindo o triângulo. Ele disse que tinha algum lugar para ir, algum lugar importante. Escreveu um endereço no verso de um guardanapo. Concordamos em nos encontrar na tarde seguinte.
— E não esquece da foto.
Te Mana Cafe, Voltaire Street, duas da tarde. Dobrei o guardanapo e acenei pedindo outro café. Infelizmente prometi dar a foto a ele num impulso, apesar do fato de ela estar em algum lugar em Manhattan e de eu não ter a menor ideia de onde a havia colocado, para dentro de qual livro a deslizara, ou em qual caixa de arquivo fora jogada, entre centenas de outras fotos desimportantes. Polaroides em preto e branco de ruas e arquitetura e fachadas de hotéis que pensei que ia lembrar para sempre, embora agora fosse impossível identificar.

Não contei a Ernest, mas na verdade tive uma sensação estranha ao encontrar sem querer os jogos de Bolaño. Não uma sensação estranha no mau sentido, mas estranha do tipo fenda no tempo. A prateleira no armário continha um mundo de energia, a concentração uma vez investida naquelas pilhas de jogos ainda era poderosa, manifestada na forma de um hiperobjeto, observando todo movimento que eu fazia.

A tarde derreteu num anoitecer. A lua se ergueu, quase cheia, afetando meu senso de direção. Sentei no muro baixo de cimento observando as luzes distantes do wow se extinguirem. As estrelas, como se em resposta, surgiram uma a uma. De repente me ocorreu que não era de fato necessário que eu estivesse no hospital com Sandy. Nos últimos vinte anos a gente tinha vivido em costas opostas, mantendo os canais abertos, confiando no poder da mente para transcender quase cinco mil quilômetros. Por que seria diferente? Eu poderia fazer a vigília onde quer que estivesse, compondo outro tipo de canção de ninar, uma que fosse penetrar no sono, uma que fizesse despertar.

* * *

    Como prometido, me encontrei com Ernest na Voltaire numa espelunca amigável em estilo havaiano que servia *pulled pork* e vitaminas enfeitadas com pequenos guarda-chuvas. Ele chegou atrasado, já no meio de uma frase em uma conversa unilateral e ligeiramente desalinhado, um botão da camisa aberto. Ernest pediu dois cafés cubanos e expôs de um jeito animado o que tinha em mente, e o principal era que estava arrumando as malas e partindo no encalço de um santo que salvava crianças aflitas e com carências nutricionais de doenças relacionadas ao estilo de vida.
    — Você tem filhos? eu perguntei.
    — Não, ele disse, mas da forma como eu vejo as coisas todas as crianças são nossas crianças. Minha irmã tem três filhos. Dois estão tão enormes que mal conseguem se mover. Ela mima eles, empanturrando eles de pão frito e açúcar. O santo vai salvar as crianças.
    Perguntas se cruzavam com tudo o que eu tinha lido sobre o aumento do câncer infantil, diabetes e hipertensão, o mundo do fast-food se aproximando dos nossos jovens.
    — Como ele vai fazer isso? eu perguntei.
    — Não posso te contar agora.
    — Como você sabe sobre ele?
    Ele me encarou com intensidade, como que esperando que eu pudesse ler seus pensamentos, poupando seu precioso tempo.
    — Apareceu pra mim num sonho, como toda informação sagrada. Ele está no deserto, acho que sei o lugar. É tipo um culto, um dos bons, vou me juntar a ele. Talvez eu possa plantar ou ajudar a construir abrigos ou organizar times de beisebol para os garotos.
    — Garotas também jogam.

— É claro, ele disse de forma distraída. Beisebol para todos eles.

— Bênção para as crianças, e obrigada por confiar em mim.
— Talvez eu te veja lá.
— Mas como eu posso te encontrar? eu perguntei.
— Mantenha as embalagens com você, ponha debaixo do travesseiro à noite. Aparecerá pra você durante o sono. Quando achar a foto, guarde pra mim.

E então ele foi embora, em uma missão que era qualquer coisa menos esperada. Havia estrelas-do-mar presas em redes multicoloridas enfeitando as paredes. O café que ele pediu era doce, com um gosto forte de canela. Fiquei sentada, me imaginando de volta a Nova York, examinando camadas de arqueologia visual. Sem contar o fato de que a fotografia estava bastante escura. Os jogos tinham sido bem ordenados numa pilha, mas nada mais era revelado do interior do armário: a jaqueta de couro dele, sapatos de couro surrados e o caderno de notas de 2666, fino, preto e com umas anotações crípticas em papel quadriculado. Coisas que eu tinha visto e tocado.

— Aquele cara não pagou a conta dele, a garçonete resmungou.
— Ah, eu cuido disso, eu disse.

Um botão estava no chão aos meus pés. Só um botão pequeno de plástico cinza com uma pequena linha presa, que pus no bolso; uma moedinha da sorte, o aviso de um sonho dentro de um sonho.

Espalhei as embalagens sobre a mesa naquela noite. Nenhum vestígio de chocolate. Nenhum cheiro adocicado. Imaculadas, a não ser por um pouco de areia. *É tipo um culto*, Ernest tinha dito. O absurdo dessa investigação me ocorreu de repente, e ri alto. Uma risada que ficou suspensa no ar, como se tivesse se voltado contra mim. Tentei pôr as coisas em ordem. Certo, eu estava no Dream Motel sentada numa cadeira do lado das portas de correr de vidro que levavam até a praia. Tive um sonho que me impeliu de Santa Cruz a San Diego, onde conheci Ernest, que me falou das fogueiras que ninguém viu exceto eu. Lembro de remexer em embalagens carbonizadas e depois dobrar pedaços de cinzas em um pedaço de gaze.

Dei um pulo e verifiquei os bolsos da jaqueta, mas o rolo de gaze havia sumido, embora notasse que meus dedos estavam sujos e escurecidos nas pontas. Ernest tinha dito para dormir com as embalagens debaixo do travesseiro, mas não especificou em que condição. Na gaveta do criado-mudo havia uma caixinha de fósforos com um número de telefone escrito na parte de dentro. Acendendo dois palitos de uma vez só, pus fogo na embalagem. Queimou devagar, soltando um cheiro fraco de campos de feno. Rasguei uma página do caderno, coloquei as cinzas no meio e dobrei várias vezes, como um pássaro de origami.

Deslizando o pacote para debaixo do travesseiro, me perguntei se Ernest e eu éramos amigos. Afinal, ele não sabia nada a meu respeito e eu sabia menos ainda a respeito dele. Mas como às vezes acontece, você pode conhecer um imperfeito estranho como ninguém. Notei o botão cinza jogado no meio da sujeira. Supus que tivesse caído do meu bolso quando tirei a jaqueta, ainda embolada no chão. Me estiquei para pegar o botão, um pequeno gesto idêntico a outro que eu parecia destinada a repetir.

Havia cães latindo à distância, e ainda mais longe, em Santa Cruz, os latidos guturais do rei dos leões-marinhos reverberando ao longo do cais enquanto os outros dormiam. Havia um som baixo, de assobio. O latido foi ficando cada vez mais fraco. Quase podia ouvir o prelúdio de *Parsifal* se erguendo de uma névoa espiritual. Uma fotografia caiu de uma carteira, um menino pequeno com uma mulher vestida de crepe escuro. Eu tinha certeza de já ter visto essa imagem antes em algum lugar, talvez uma cena num filme. Um close em olhos cor de chocolate, um carpete ondulante de florezinhas que não era carpete coisa nenhuma, mas o balançar do vestido iluminado por um carro que passava. Deslizei a mão por baixo do travesseiro e toquei a embalagem, para ter certeza de que ainda estava ali. Sim, disse meio dormindo, e aí fechei os olhos, envolvida por uma vibração nebulosa de imagens: o cisne e a lança e o Louco Santo.

De volta à Voltaire Street, esbarrei em Cammy no mercado de comida orgânica e a ajudei a descarregar várias caixas de geleia de cebola. Notei o carregador dela plugado no painel. Meu celular estava descarregado fazia muito tempo, já que tinha deixado meu carregador no Dream Motel, triste e inútil, pendendo da tomada na parede. Cammy me deixou usar o celular dela, assim ia poder ver como estava Sandy. Ela falou durante toda a ligação, mas consegui pegar o relatório. Ele não tinha recobrado a consciência.

Ela estava me contando que conheceu uma mulher que conhecia um tio de uma das crianças desaparecidas que ela mencionou no final da nossa viagem. Eu tinha quase esquecido. Acontece que o menino havia retornado ileso com uma etiqueta presa à camiseta dizendo que ele tinha um sopro no coração. Nunca diagnosticado, mas logo confirmado. Ele chorou a noite toda, querendo voltar, se recusando a contar qualquer coisa. Eu não disse nada, mas não pude evitar pensar que a história era muito parecida com a do garoto inválido que era mandado de volta para casa depois de um breve gostinho do paraíso no conto *O flautista de Hamelin*.

— Preciso ir a Los Angeles amanhã, ela me disse. Tenho uma entrega grande em Burbank.

— Estava pensando em ir a Venice Beach, eu disse de forma impulsiva, se importa se eu for junto? Pago a gasolina.

— Fechado, ela disse.

Naquela noite usei o telefone do hotel e liguei para aqueles que achei que deveria ligar. Nenhuma das pessoas estava em casa, ou melhor, ninguém atendeu. Deixei recados. *Meu celular está sem bateria. Estou bem. Ligue para o hotel.* Tinha algo de fúnebre na coisa toda. Quatro pessoas, quatro telefones mudos. Fechei a janela. Estava esfriando. Peguei a caneta do hotel e enchi algumas páginas do caderno enquanto esperava o telefone tocar, mas ele não tocou.

Fechei a conta e comi um muffin rançoso e farelento com café preto no saguão. Cammy estacionou o Lexus. Ela usava um suéter rosa, e o banco de trás estava lotado de caixas de papelão etiquetadas. Quando nos aproximávamos de Los Angeles, ela me deixou a par dos vários altos e baixos do mundo de Cammy, alguns dos quais eu misericordiosamente deixei passar batido enquanto minha cabeça estava em outro lugar.

— Ah, nossa, ela disparou, você ouviu falar dos desaparecimentos em Macon?

— Macon, na Geórgia? Você está falando de crianças?

— É, sete crianças.

Experimentei aquele tipo de sensação que tenho quando olho para baixo de um lugar alto demais. Era como se pequenas células de gelo estivessem se movendo devagar, vibrando nas veias.

— Dá pra acreditar nisso? ela disse. Um dos maiores alertas Amber* já emitidos.

Cammy mudou as estações de rádio, mas não havia nada a respeito nos boletins de notícias. Caímos num silêncio bem-vin-

---

* Alerta Amber, ou Amber Alert, é um sistema em vigor nos Estados Unidos desde 1996. Tem o objetivo de reduzir o número de crianças desaparecidas, uma vez que o alerta é emitido em uma localidade e espalhado para o resto do país. É um acrônimo de America's Missing: Broadcast Emergency Response. (N. T.)

do até ela estacionar em Venice. Dei a ela quarenta dólares e ela me deu um pequeno vidro de compota com uma etiqueta que dizia *geleia de ruibarbo e morango*.

— Sete crianças, eu disse meio entorpecida, tirando o cinto de segurança.

— É, ela disse, você acredita nisso? É maluquice. Nenhuma instrução, nenhuma exigência. É como se elas tivessem sumido tipo no conto O *flautista de Hamelin*.

Venice Beach, cidade dos detetives. Onde tem uma palmeira, lá está Jack Lord, lá está Horatio Caine. Escolhi um pequeno hotel perto da Ozone Avenue, não muito longe do calçadão. Da janela, podia ver as palmeiras jovens e a entrada dos fundos do On The Waterfront Café, um bom lugar para comer. O café veio numa caneca branca decorada com uma simpática estrela-do-mar azul flutuando acima do lema do estabelecimento — *Onde a paisagem é mais uma vantagem*. As mesas eram cobertas com uma toalha impermeável verde-escura. Eu tinha que estapear as moscas para longe, o que não me incomodava. Nada me incomodava, nem mesmo as coisas que me incomodavam.

Na minha frente, notei um cara boa-pinta como um jovem Russell Crowe sentado na frente de uma garota com um bocado de pó no rosto. Provavelmente queria cobrir uma pele ruim, mas ela tinha aquela coisa interna que dava para sentir no ambiente, adornada com óculos escuros, cabelos curtos e pretos, casaco com estampa de onça, uma réplica viva de estrela de cinema. Eles estavam imersos no próprio mundo e eu no mundo deles, imaginando os dois como o detetive Mike Hammer e a glamorosa e desprendida Velma. Enquanto estava escrevendo isso tudo, o par saiu sem ser visto, a mesa foi arrumada e novos guardanapos e talheres limpos surgiram, como se eles nunca tivessem estado ali.

Sempre gostei de como a praia em Venice parece vasta, um panorama amplo que aumenta na maré baixa. Tirei as botas, dobrei a barra da calça e andei pela orla. A água estava fria demais, mas terapêutica, minhas mangas ensopadas de pegar água do mar para jogar no rosto e no pescoço. Notei uma única embalagem levada pelas ondas, mas não a recuperei.

O problema dos sonhos, uma voz familiar arrastou, mas fui atraída pelo som de pássaros peculiares, grandes e barulhentos, em estado de alerta e prestes a falar. Infelizmente, uma pequena parte de mim já estava debatendo se pássaros de fato podiam falar, o que interrompeu a conexão. Dei meia-volta, me perguntando a razão de ter hesitado de um jeito tão lamentável, quando sabia muito bem que certas criaturas com asas tinham o poder de formar palavras, tecer monólogos e às vezes dominar uma conversa inteira.

Decidi ir ao Waterfront para jantar, mas fui na direção oposta e passei por um muro coberto de desenhos, cenas meio Chagall de *Um violinista no telhado*, violinistas flutuantes em meio a línguas de fogo que produziam uma sensação desconcertante de nostalgia. Quando afinal dei meia-volta e entrei no Waterfront, pensei ter cometido um erro. O lugar parecia completamente diferente do que era à tarde. Havia uma mesa de sinuca e ninguém além de caras de todas as idades com bonés de beisebol e enormes copos de cerveja com fatias de limão. Vários olharam para mim quando entrei, um extraterrestre inofensivo, e aí voltaram aos trabalhos de beber e conversar. Um jogo de hóquei sem som passava numa tela grande. O rumor, o zumbido, era todo ele masculino, agradavelmente masculino, rindo e falando, quebrado apenas pelo bater da bola no taco, a bola caindo na caçapa. Pedi café, um sanduíche de peixe e salada, o prato mais caro do menu. O peixe era pequeno e frito, mas a alface e as cebolas eram frescas. A mesma caneca com as estrelas-do-mar, a mesma bebida quente. Deixei o dinheiro em cima da mesa e saí. Estava chovendo. Enfiei minha touca. Ao passar pelo mural, acenei com a cabeça para o violinista ídiche, me solidarizando com o medo secreto de ver amigos indo embora.

A calefação não estava funcionando no quarto. Deitei no sofá, embrulhada, mais ou menos assistindo ao canal de *Extreme Homes*, episódios sem fim exibindo arquitetos descrevendo como construíram na pedra e no xisto inclinado ou a mecânica envolvida na montagem de um telhado de cobre retrátil de cinco toneladas. Habitações que pareciam enormes rochas que reproduziam as rochas reais do entorno. Casas em Tóquio, em Vail e no deserto da Califórnia. Eu caía no sono e abria meus olhos com a repetição da mesma casa japonesa, ou de uma casa que representava as três partes da *Divina comédia*. Me perguntei qual era a sensação de dormir num quarto que simbolizava o Inferno de Dante.

De manhã, vi da janela as gaivotas mergulhando. Estava fechada, portanto não dava para ouvir nada. Gaivotas silenciosas, silenciosas. Caía uma garoa leve e a cabeleira das palmeiras altas balançava com o vento. Pus a touca e a jaqueta e fui em busca do café da manhã. Com o Waterfront fechado, me contentei com um lugar na Rose Avenue que tinha padaria própria e um menu vegetariano. Pedi uma tigela de couve e inhame, mas o que queria mesmo era um bife com ovos. O cara do meu lado tagarelava com o companheiro a respeito de um país que estava importando tartarugas carnívoras mordedoras e gigantes para se livrar dos corpos que flutuavam num rio sagrado.

Na Rose havia uma loja de livros usados. Procurei uma edição de *O Terceiro Reich*, mas eles não tinham nenhum livro do Bolaño. Achei um DVD de segunda mão de *O flautista mágico*, estrelando Van Johnson. Não consegui acreditar na minha sorte. Ia ouvir Kay Starr, a mãe do menino inválido, cantando seu lamento pungente, *Onde está meu filho, meu filho John?*. Isso me fez pensar nas crianças desaparecidas. Crianças e embalagens de doces. Eles tinham de estar relacionados, ainda que talvez não da mesma forma. Incrível, mas não havia uma palavra a respeito das crianças desaparecidas em nenhum dos jornais. A coisa toda me deixava meio em dúvida, embora fosse difícil acreditar que Cammy ia inventar uma história como essa.

Andei por uma galeria na Pacific, parando na frente de uma porta que dizia MAO'S KITCHEN. Fiquei ali pensando se deveria entrar, então a porta abriu e uma mulher gesticulou para que eu me aproximasse. Era um lugar do tipo comunitário, com uma cozinha aberta equipada com fogões industriais e panelas de bolinhos fumegantes sob uma placa que dizia O RANGO DO POVO ao lado de pôsteres desbotados de campos de arroz numa parede preta. Lembrei de uma viagem de anos atrás, quando meu amigo Ray e eu ficamos procurando uma caverna perto da fronteira com a China onde Ho Chi Minh escreveu a Declaração de Independência do Vietnã. Andamos pelos arrozais, ouro pálido, e o céu azul-claro, desconcertados com aquilo que era um espetáculo banal para a maioria. A mulher trouxe uma bandeja com gengibre fresco, limão e mel.

— Você estava tossindo, ela disse.
— Estou sempre tossindo, eu ri.

Havia um biscoito da sorte no meu pires, que pus no bolso para mais tarde. Me senti ligada à paz modesta oferecida com a comida, pensando em nada. Só coisas soltas, coisas sem significado, como a lembrança da minha mãe me dizendo uma vez que Van Johnson sempre usava meias vermelhas, mesmo nos filmes preto e branco. Me perguntei se ele as usou quando interpretou o Flautista.

De volta ao quarto, abri o biscoito e desenrolei a sorte. *Você vai pisar no coração de muitos países.* Vou ser cuidadosa, sussurrei, mas olhando de novo percebi que na verdade dizia *chão*. De manhã, decidi retraçar os meus passos, voltar ao início, retornar à mesma cidade e ao mesmo hotel em Japantown a alguns passos de distância da mesma Peace Tower. Já era tempo de fazer vigília ao lado de Sandy, rasgando seu caminho através de extremos celulares — não como ele costumava fazer, explorar um sistema imaginado, mas sondar as profundezas do próprio ser. No caminho para o aeroporto me ocorreu que *O flautista de Hamelin* não era só uma história de vingança, mas de amor. Comprei uma passagem de ida para San Francisco. Por um momento, pensei ter visto Ernest passando pela segurança.

Peace Tower, Japantown.

UTI

Não havia engarrafamento na volta a San Francisco. Meu quarto no Miyako Hotel ainda não estava pronto, então atravessei dois centros comerciais internos e comi no On The Bridge. Tudo estava exatamente como há algumas semanas, mas eu sentia falta da presença tranquilizadora do Lenny. O cozinheiro preparou espaguete com *tobiko* para mim. Cenas de *Dragon Ball* passavam repetidas vezes nas telas das TVs. Me vi abrindo caminho pela trajetória do mangá, virando as páginas de *Death Note* 7 de trás para a frente, tentando entender os desenhos: uma ameaça negra pairando sobre o garoto Light Yagami, examinando páginas de sequências numéricas intermitentes. Meu espaguete tinha desaparecido. Eu mal me lembrava de ter comido. Na conta estava escrito 1º de fevereiro. Pra onde janeiro tinha voado? Listei tudo o que eu devia ter feito. Vou cuidar disso logo, prometi a mim mesma, mas de manhã, antes de qualquer outra coisa, iria até o hospital em Marin County onde Sandy continuava inconsciente na unidade de terapia intensiva. Mesmo assim parei numa pequena loja e comprei para ele alguns doces feitos com pasta de feijão vermelho. Sandy amava esses doces, pedaços do céu em forma de leque.

Fui deitar cedo. Não havia nada na TV. Imaginei que estava em Kyoto, o que não era tão difícil já que a cama do hotel era no nível do chão, do lado de uma luminária de papel de arroz e de um quadro de pedregulhos em tons de cinza dispostos com cuidado numa caixa de areia de bambu. Havia um lápis listrado no criado-mudo, parecido com aquelas bengalas doces. Não estou com tanto sono, disse a mim mesma, devia levantar e escrever, mas não levantei. No final, escrevi as palavras que estão aqui, mesmo que toda uma outra sequência de palavras tenha escapulido, *alfabetizando* o éter, me insultando durante o sono. *Você não segue enredos você atravessa os enredos.* A direção de um mangá, um mantra repetitivo se fundindo com os meus próprios pensamentos.

O lápis parecia muito distante, bem além do meu alcance, e na verdade assisti a mim mesma caindo no sono. As nuvens eram cor-de-rosa e despencavam do céu. Estava usando sandálias, chutando uns montículos de folhas vermelhas que rodeavam um santuário numa pequena colina. Havia um pequeno cemitério com fileiras de deidades em forma de macaco, algumas adornadas com capas vermelhas e gorros de tricô. Corvos enormes estavam bicando no meio das folhas secas. *Isso não significa nada*, alguém gritava, e era só o que eu conseguia lembrar.

De manhã, consegui transporte para o hospital em Marin County com a ajuda de amigos em comum que tinham assumido os cuidados com o Sandy. Sem familiares vivos, a tarefa coube a esse pequeno e devotado círculo que o conhecia e amava. Voltei à UTI. Nada tinha mudado desde minha última visita com o Lenny; o médico parecia ter pouca esperança de que Sandy recobrasse a consciência. Contornei a cama. A ficha do hospital estava presa na parte de baixo, o nome do meio dele era Clarke, meu filho nasceu no dia do aniversário dele, um fato que de alguma forma eu tinha esquecido. Fiquei ali lutando para achar os pensamentos certos, aqueles que pudessem atravessar o véu grosso do coma. Vi flashes de Arthur Lee na prisão, os livrinhos de capa vermelha espalhados como cartas de baralho. Pude ver Sandy caindo em câmera lenta num estacionamento perto de uns caixas eletrônicos. Quase podia ouvi-lo pensando. *Convalescença. Latim. Século XV.* Fiquei o máximo que consegui, fazendo o possível para dominar minha violenta fobia de tubos, seringas e do silêncio artificial dos cenários hospitalares.

Ia e voltava do hotel para o hospital. O cheiro dos remédios e o entra e sai das solas de borracha das enfermeiras, com as pranchetas e as bolsas plásticas cheias de fluidos, me deixavam nervosa quando sentava do lado da cama e procurava desesperadamente uma passagem, um canal de comunicação. No meu último dia, embora o horário de visitas já tivesse acabado, ninguém me pediu para sair, então fiquei até anoitecer. Me vi projetando constelações de palavras sobre os lençóis brancos, uma confusão interminável de frases que jorravam das bocas de totens miraculosos alinhados num horizonte inacessível. Medeia e deuses-macacos e crianças e embalagens de doces. O que você ia fazer com isso, Sandy?, provoquei em silêncio. Máquinas pulsando. Soro pingando. Sandy apertou minha mão, mas a enfermeira disse que isso não significava nada.

Santuário Hie.

ADM 2016

Havia um local de despacho bem na frente do hotel. Empacotei meus últimos pertences e mandei para Nova York, então andei até o outro extremo da cidade, em direção ao território de Jack Kerouac. Passando por Chinatown, topei inesperadamente com os preparativos para o ano-novo lunar, o Ano do Macaco. Pedaços de papel colorido caíam do céu, pequenos quadrados com a cara de um macaco estampada em vermelho. *Desfile 27.* Ia ser espetacular, com toda a certeza, mas eu já estaria muito longe. Engraçado como deixei San Francisco num Ano-Novo e estava indo embora no outro. Podia sentir a atração gravitacional de casa, que se torna a atração gravitacional de outro lugar quando fico em casa tempo demais.

O banco dos três macacos sábios estava vazio. Sentei por alguns minutos para me acalmar, já que as festividades tinham me pegado desprevenida. Me lembrei de ter parado quando criança na frente de uma efígie dos três macacos parecida com essa em um parque com meu tio. Qual macaco você ia querer ser? ele perguntou. Aquele que não é capaz de ver, ouvir ou exprimir o mal? Me senti vagamente enjoada, com medo de fazer a escolha errada.

Achei uma rua lateral fora daquela área. Bolinhos para viagem, duas mesas cobertas por toalha impermeável amarela. Nenhum cardápio. Sentei e esperei. Um menino de pijama e cara redonda apareceu com um copo de chá e um cesto pequeno com bolinhos cozidos no vapor, então desapareceu atrás de uma cortina verde e rosa florida. Fiquei ali um tempo pensando no que fazer em seguida, por fim decidi seguir qualquer que fosse o impulso a dominar os outros impulsos. Em outras palavras, qualquer impulso venceria. O chá tinha esfriado e de repente tive consciência de estar isolada num restaurante estranho. Essa sensação exagerada aumentou até que me senti presa no meio de um campo de força, como uma habitante da cidade engarrafada de Kandor no velho gibi do *Super-Homem*.

Dava para ouvir a sequência de fogos de artifício estourando a algumas ruas de distância. O Ano do Macaco tinha começado e eu não fazia a menor ideia de como ia terminar. Minha mãe nasceu em 1920, o Ano do Macaco de Metal, então imaginei que o sangue dela poderia me proteger. O menino acabou não voltando, então deixei um dinheiro em cima da mesa, deslizei pela barreira invisível e andei de Chinatown até Japantown, de volta ao hotel.

Espalhei meus poucos pertences sobre a cama: minha câmera com fole amassado, carteira de identidade, caderno, caneta, celular sem bateria e algum dinheiro. Decidi ir para casa logo, mas não já. Usei o telefone do hotel e liguei para o poeta que tinha me dado um casaco preto, um casaco que adorava e que perdi.

— Posso fazer uma visita, Ray?

— Claro, ele disse sem hesitar, pode dormir no café. Estou fazendo infusão verde.

Pedi um café da manhã no estilo japonês, que veio numa bandeja laqueada retangular, e aí fechei a conta. O velho camareiro que ficou ali parado durante anos me perguntou quando eu ia voltar.

— Logo, eu acho, quando tiver outro trabalho.

— Vai estar diferente, ele disse com tristeza. Sem quartos japoneses.

— Mas esse sempre foi um hotel no estilo japonês, eu protestei.

— As coisas mudam, ele ia dizendo enquanto eu deslizava para dentro do táxi.

O voo para Tucson levou duas horas e onze minutos. Ray estava esperando quando desembarquei.

— Por onde você tem andado? ele perguntou.

— Ah, por aí. Santa Cruz. San Diego. Onde você estava?

— Comprando café na Guatemala. E depois no deserto. Tentei te ligar, ele disse, estreitando os olhos.

— Não recebi a mensagem, eu disse meio que me desculpando. Meu celular apagou já tem um tempo, na verdade.

— Não esse tipo de mensagem, ele disse.

— Ah, é, eu ri. Bem, aqui estou eu, então acho que recebi, sim.

Ele fechou o café, preparou uma sopa com milho e mandioca, então desenrolou uma esteira e fez uma cama para mim. Nos conhecíamos fazia muito tempo, tínhamos viajado juntos para lugares difíceis e podíamos nos adaptar com facilidade à rotina um do outro. Ele me deu uma mesa de trabalho e um abajur de criança com uma cachoeira pintada na cúpula que parecia fluir quando você acendia a lâmpada. Ouvimos Maria Callas e Alan Hovhaness e Pavement tarde da noite. Ele jogou xadrez no computador enquanto eu examinava os livros que forravam as estantes, entre eles os *Cantos* de Pound, a obra completa de Rudolf Steiner e um volume grosso de geometria euclidiana, que peguei. Era um livro fartamente ilustrado que eu não conseguia nem começar a entender, mas que tentei absorver.

— Perdi o casaco, eu disse a ele. O preto que você me deu de aniversário.

— Vai aparecer, ele disse.

— E se não aparecer?

— Então ele vai te acolher na outra vida.

Sorri, me sentindo estranhamente reconfortada. Não mencionei as embalagens de doces ou as crianças desaparecidas ou Ernest. Parecia que eu já tinha trocado a pele daqueles dias. Mas falamos de Sandy e de muitos amigos que já se foram, animados pelo sentimento mútuo. Depois de alguns dias, ele tinha que partir. Não sei quando vou estar de volta, ele disse, mas fique o quanto quiser. Ele carregou meu celular e me mostrou como usar o rádio de ondas curtas. Mexi nele por um tempo e sintonizei na estação do Grateful Dead.

Ainda estava escuro e Jerry cantava "Palm Sunday". Fiquei com frio e procurei um cobertor no armário. Achei um bege da Pendleton, e quando o sacudi algo caiu de uma dobra. No momento em que me abaixei para pegar, um feixe de luar atravessou a janela. Era uma embalagem amassada, Peanut Chewz, com a cor errada, *chews* escrito de forma incorreta, sem vestígio de chocolate. Revirei o armário atrás de outra embalagem, curiosa, e achei uma caixa de papelão mal fechada com fita adesiva. Uma caixa inteira de embalagens intocadas, centenas delas. Coloquei algumas no bolso, fechei a caixa com a fita e saí para olhar a lua, uma torta enorme e brilhante no céu.

Examinei nossa conversa. *Tentei te ligar.* Eu sabia que ele tinha tentado. Era nossa natureza psíquica, nosso jeito de ser. Lembrei dos lugares para onde a gente tinha viajado: Havana, Kingston, Camboja, Ilha Christmas, Vietnã. A gente tinha achado o riacho Lenin, onde Ho Chi Minh se banhou. Em Phnom Penh, me vi coberta de sanguessugas depois de ficarmos presos nas ruas inundadas. Parei ao lado da pia do banheiro do hotel e estremeci enquanto Ray as removia com calma. Lembrei de um bebê elefante enfeitado com flores emergindo de uma densa floresta em Angkor Wat. Estava com a minha câmera, e escapuli sozinha para segui-lo. Quando voltei, encontrei Ray sentado na varanda ampla de um templo, cercado de crianças. Estava cantando para elas, o sol um halo ao redor do cabelo comprido. Não pude deixar de pensar nas escrituras — *Deixai vir a mim as crianças*. Ele ergueu os olhos para mim e sorriu. Ouvi risadas, sinos tilintando, pés descalços nos degraus do templo. Tudo estava tão próximo, os raios do sol, a doçura, um sentido de tempo perdido para sempre.

De manhã, bebi dois copos de água mineral, fiz uns ovos mexidos com cebolinha e comi em pé. Contei o dinheiro, pus um mapa no bolso, enchi uma garrafa d'água e enrolei uns pãezinhos doces num pano. Era o Ano do Macaco e eu havia me teletransportado para um novo território, numa estrada sem sombras sob um sol molecular. Continuei a andar, imaginando que uma hora ia conseguir uma carona. Protegi os olhos com a mão e o vi se aproximando. Ele baixou o vidro de uma picape Ford azul batida, um pedaço transfigurado do velho céu. Usava uma camisa diferente, com todos os botões intactos, e de certa forma se parecia com outra pessoa, com alguém que um dia eu conheci.

— Você não é um holograma, é? eu perguntei.

— Entra, Ernest disse. Vamos viajar pelo deserto. Conheço um lugar que faz os melhores *huevos rancheros* e um café que realmente dá pra beber com prazer. Aí você pode julgar se eu sou um holograma ou não.

Havia um rosário enrolado no espelho retrovisor. Achei familiar viajar com Ernest no meio do inexplicável; sonho ou não, já tí-

nhamos atravessado alguns territórios curiosos. Confiei nas mãos dele no volante. Evocavam outras mãos, mãos de um bom homem.

— Já ouviu falar em silenciador? eu disse.

— É uma caminhonete velha, ele respondeu.

Ernest falou a maior parte do tempo. Geometria metafísica, naquele seu estilo lento, meditativo, como se extraísse as palavras de um compartimento secreto. Baixei o vidro da janela. Arbustos sem fim pontuados por cactos suplicantes.

— Não existe hierarquia. Esse é o milagre de um triângulo. Sem topo, sem base, sem lados pra escolher. Pegue esses rótulos da Trindade — Pai, Filho e Espírito Santo — e substitua cada um por amor. Entende o que eu digo? Amor. Amor. Amor. Um peso igual que abrange o todo, da nossa chamada existência espiritual.

Estávamos indo para o oeste. Ernest parou num posto com uma pequena bomba de gasolina, alguns suvenires e um pequeno restaurante. Uma mulher apareceu e o cumprimentou como a um velho amigo, então nos serviu café e dois pratos com *huevos rancheros*, feijão refogado e um purê sedoso de abacate. Uma pintura a óleo genérica de Nossa Senhora de Guadalupe tinha sido pregada na parede ao lado de uma fotografia desbotada de Frida Kahlo e Trótski numa moldura de lata.

— Minha neta que pintou, ela disse, secando as mãos no avental.

Era ruim pra caramba, mas quem poderia culpar uma criança?

— Ficou bem legal, eu disse.

Ernest olhou para mim do outro lado da mesa.

— Então? ele disse com expectativa.

— Então o quê?

— Você não estava ouvindo. Estava em outro lugar.

— Ah, desculpa.

— Então, ele continuou, remexendo os últimos feijões com o garfo, não são os melhores *huevos* que você já comeu?

Amor. Amor. Amor.

Posto, Salton Sea.

— Eles são ótimos, eu disse, mas posso ter comido melhores.
— Desembucha, ele disse, vagamente irritado.
— Em Acapulco em 1972. Eu fui convidada para ficar em uma *villa* com vista pro mar. Não sei nadar, e lá havia uma piscina enorme, bem funda. Outro hóspede me ensinou a boiar de costas, o que parecia um grande feito na época.
— Nadar é superestimado, ele disse.
— Uma manhã eu levantei antes do café, desci pra piscina e flutuei. Fechei os olhos, porque o sol já estava bem forte, e me senti livre e alegre, mas quando abri os olhos tinha uns falcões voando em círculos acima de mim.
— Quantos?
— Não sei. Talvez três, talvez cinco, mas me pareceu que eles tinham rabos vermelhos. Eram lindos, mas estavam perto demais, e me perguntei se eles iam achar que eu estava morta e entrei em pânico. As nuvens se moveram e o sol iluminou as asas deles, eu estava agitada e realmente pensei que ia me afogar. E de repente um tremendo esguicho. O cozinheiro pulou e me agarrou pela cintura, me ergueu acima da água, me puxou para fora e forçou a água a sair dos meus pulmões. Então ele me secou e fez *huevos rancheros*, os melhores que já comi.
— Isso aconteceu mesmo?
— Sim, eu disse, e sem nenhuma firula, absolutamente. Ainda sonho com isso. Mas não foi um sonho.
— Como era o nome dele?
— Ele era o cozinheiro. Não lembro o nome dele, mas nunca o esqueci. Posso ver o rosto dele em vários rostos. Ele era o cozinheiro e usava branco e salvou a minha vida.
— De onde você é? ele perguntou de repente.
— Por quê, eu ri, vai me levar pra casa?
— Tudo é possível, ele disse, afinal é o Ano do Macaco.

Ele deixou algum dinheiro e saímos. Terminei meu café e então voltei pra caminhonete enquanto ele checava um pneu.

Estava prestes a perguntar o que ele achava do calendário lunar quando notei que o sol tinha se deslocado. Dirigimos em silêncio por um tempo enquanto o céu virava uma rosa cintilante com faixas de rubi e violeta.

— O problema dos sonhos, ele ia dizendo, mas eu estava a um mundo de distância, vagando pela terra vermelha no coração do Território do Norte.

— Você precisa ir até lá, ele disse de modo inflexível.

— Na verdade, eu disse, um tanto assustada, o que eu preciso mesmo é de um banheiro.

Não havia conforto ao redor. Devia ter ido antes, mas achei ter visto uma placa de fora de serviço na porta do banheiro. A gente estava no meio de uma planície coberta de pedra e gramíneas. Meio árido, meio parecido com a lua. Ernest desligou o motor e ficamos ali sentados. Pressão intensa. Agarrando minha bolsa, andei até ficar fora de alcance e me agachei atrás de um monte de arbustos e cactos prateados. Uma longa trilha de urina deslizou entre a terra assada. Fiquei remoendo o fato de Ernest saber que eu estava pensando em Ayers Rock. Pensei em Sam e em como anos atrás sonhávamos com frequência os mesmos sonhos, e em como ele parecia, mesmo agora, saber o que eu estava pensando. A trilha estava completamente seca e um pequeno lagarto passou correndo depressa pelas minhas botas. Me sacudindo de volta ao imediato, levantei e fechei o zíper, então voltei à caminhonete. Espalhadas pelo terreno morto havia carcaças de pequenos peixes mortos, centenas, talvez milhares deles, curvados sobre si mesmos, como embalagens de doces incrustadas de sal. Ao chegar lá, não vi nada além da poeira baixando. Ernest tinha ido embora. Fiquei muito quieta, avaliando a situação, pensando que estava tudo certo, era um lugar tão bom quanto qualquer outro para estar perdida, os arredores de Salton Sea, que não tinha mar coisa nenhuma.

Parecia que, se eu andasse quilômetros, ainda assim as coisas iam continuar iguais. Tinha certeza de ter percorrido um bocado de chão, mas não chegava a lugar nenhum. Tentei aumentar a velocidade, depois desacelerar, imaginando que ia colidir comigo mesma e romper o ciclo, mas sem sorte, o extenso panorama do deserto continuava se reajustando, até que uma nova rotina se transformava ela mesma num ciclo. Puxei do bolso um pão dormido embrulhado num guardanapo. Era polvilhado com açúcar e tinha um leve sabor de laranja, como um daqueles bolos do Dia dos Mortos. Comecei a pensar nos garotos da lanchonete, imaginando se a conversa deles era mera coincidência e se minha avaliação do termo *embalagem de chocolate* como substantivo era de fato correta. Também me perguntei se a banalidade da minha linha de raciocínio estava dificultando meu progresso.

Mudei para um jogo de dardos mental, um alvo giratório de possibilidades de alterar o tempo que Sandy e eu jogávamos em viagens longas. Lancei um dardo que iluminou todo o caminho até Flanders no final da Idade Média, me incitando a atacar o ar com novas questões, do tipo por que a frase dourada da jovem Virgem, envolta em mantos, se lê da direita para a esquerda e também para baixo no painel da Anunciação do Retábulo de Gante. Talvez porque o pintor esteja só brincando com a gente? Ou o balão imperceptível que encerra as palavras dela, de cabeça para baixo e invertidas, foi composto simplesmente para acomodar o olho do Espírito Santo, translúcido e alado, localizado acima dela?

Essa preocupação eclipsou de modo gradual outras inquietações com substantivos e verbos ou com o meu paradeiro enquanto eu revisitava com fluidez o passado histórico. Vi a mão do mestre pintor fechando as asas externas dos painéis. Vi outras mãos abrindo de um jeito reverente os mesmos painéis. As molduras de madeira eram escuras pelas profundezas do tempo. Vi ladrões carregando os painéis para um navio que singrou mares traiçoeiros. Vi o casco maltratado e o mastro quebrado. O céu estava azul pálido sem uma única nuvem, e continuei andando, bebendo devagar, medindo com cuidado o suprimento de água. Andei até que estivesse onde queria estar, diante da pomba e da donzela, a gordura do cordeiro derretendo para longe.

O estúdio de são Jerônimo, Albrecht Dürer.

O que Marco disse

Viajar através de fusos horários do oeste para o leste é mais difícil de administrar do que o contrário. Tem algo a ver com células marca-passo. Não me refiro a um dispositivo artificial, mas à parte da mente que mantém nossa sincronia corporal. Algumas semanas na Costa Oeste tinham definitivamente bagunçado minhas células-P. Grogue no jantar, depois cochilando, e alerta às duas da manhã. Fiz caminhadas noturnas, envolta em silêncio. Sem tráfego, havia uma morte palpável no ar. Estava de volta no meio de fevereiro, o mês esquecido.

Era o Valentine's Day mais frio já registrado na história da cidade de Nova York. Uma complexa manta de gelo cobria tudo, galhos nus se retesavam com uma sinfonia de corações gélidos. Pingentes de gelo, letais o suficiente para ferir, quebravam e despencavam das beiradas de saliências e andaimes nas calçadas, deixados ali como armas descartadas de uma era primitiva.

Escrevi muito pouco, tampouco comunguei dentro do sonho do sonhador. Por todo o país uma luz depois da outra pareceu queimar. Lamparinas a óleo de outra época tremeluziram e apagaram.

A placa estava quieta, mas os livros no criado-mudo me chamavam. A *Cruzada das Crianças*. *O Colosso*. Marco Aurélio. Abri *Meditações*: *Não aja como se tivesse dez mil anos de vida*... Fez um terrível sentido para mim, que subia a escada cronológica, me aproximando do septuagésimo ano. Controle-se, disse a mim mesma, apenas se divirta nos últimos momentos com sessenta e nove, o número sagrado de Jimi Hendrix, e a resposta dele a tal aviso: *Vou viver minha vida do jeito que eu quiser*. Imaginei Marco e Jimi discordando, cada um escolhendo uma enorme estaca de gelo que derreteria nas mãos deles muito antes de concordarem em lutar.

A gata estava se esfregando no meu joelho. Abri uma lata de sardinha, piquei a parte dela, então cortei algumas cebolas, tostei duas fatias de pão integral e fiz um sanduíche para mim. Encarando minha imagem na superfície oscilante da torradeira, notei que parecia jovem e velha ao mesmo tempo. Comi com pressa e não limpei nada, na verdade ansiando por algum sinal de vida, por um exército de formigas que desalojasse e arrastasse os farelos das rachaduras dos ladrilhos da cozinha. Ansiava por brotos florescendo, pombas arrulhando, escuridão se elevando, a primavera retornando.

Marco Aurélio nos pede para reparar na passagem do tempo de olhos abertos. Dez mil anos ou dez mil dias, nada pode parar o tempo ou mudar o fato de que vou chegar aos setenta no Ano do Macaco. Setenta. Só um número, mas um indicativo da passagem de uma parte significativa da areia prevista na ampulheta. Os grãos caem e me pego sentindo falta dos mortos, mais do que o normal. Notei que choro mais quando assisto televisão, reagindo a um romance, a um detetive aposentado baleado nas costas enquanto encarava o mar, a um pai exausto pondo o filho no berço. Notei que minhas lágrimas me queimam os olhos, que não sou mais uma corredora veloz e que a minha noção de tempo parece estar se acelerando.

Fiz o que pude para ampliar essa imagem recorrente a meu favor, até mesmo substituindo a ampulheta antiga por uma de cristal, um pó de mármore moído caindo, do tipo encontrado no pequeno estúdio de madeira de são Jerônimo ou no ateliê de Albrecht Dürer. Mesmo que seja provável que exista um princípio finito relacionado à velocidade com que a areia passa através de uma ampulheta, não há vantagem em ter um vidro imponente ou grãos mais perfeitos.

Desde a contemplação de Marco, tentei ficar mais consciente da passagem das horas, e podia ver isso acontecendo, essa mudança cósmica de um dígito para o outro. Apesar de todos os esforços fevereiro deslizou para longe, embora fosse um ano bissexto em que há um dia extra para observar. Fito o número 29 no calendário, então arranco a página com relutância. Primeiro de março. Meu aniversário de casamento, vinte anos sem ele, o que me leva a puxar uma caixa retangular de debaixo da cama, abrindo por tempo suficiente para alisar as dobras de um vestido vitoriano meio coberto por um véu frágil. Deslizando a caixa de volta para o lugar, me senti estranhamente fora do eixo, uma vertigem de tristeza momentânea.

No mundo externo, o céu tinha escurecido depressa, ventos fortes se moviam em quatro direções, se agitando em harmonia com o súbito início de chuvas torrenciais, e de repente tudo se rompeu. Aconteceu tão rápido que não tive tempo de recolher as roupas e os livros do chão ou de selar a claraboia descoberta, água correndo por todo lado, subindo acima dos tornozelos, depois até os joelhos. Parecia que a porta tinha desaparecido, e eu estava presa no meio do quarto quando uma escuridão elíptica, uma larga fenda, ocupando grande parte da parede de gesso, se abriu em um longo caminho repleto de brinquedos sinistros. Chapinhando até ele, vi piões errantes ziguezagueando por um estreito prado de narcisos, ceifando e lançando suas formas de trombeta no ar movediço. Estendi a mão, procurando às cegas um caminho para a saída ou um caminho para o vazio, quando um clamor como o de pássaros me sobressaltou.

— Só um jogo, uma voz divertida pipilou.

Não havia dúvida quanto aos tons arrogantes da placa. Recuei, reunindo minha coragem.

— Muito bem, eu retorqui, mas qual jogo?

— O Jogo de Havoc, é óbvio.

Sabia alguma coisa desse tal jogo. Havoc, jogo maiúsculo com uma deidade minúscula, ditando apenas problemas ao participante incauto. A pessoa se dá conta de que foi atacada por componentes de uma equação terrível. Um olho maldoso, duas estrelas que giram, engrenagens sinuosas e eternas. Um caos inequívoco instigado pelo atual deus lunar e seu bando de macacos alados, um grupo dominante que uma vez atacou a desavisada Dorothy nos campos hipnóticos de Oz.

— Vou ter que declinar, eu disse com firmeza, e tudo terminou de forma abrupta, tão de repente quanto começou.

Avaliei o dano. Exceto por uma pequena bagunça, tudo estava do mesmo jeito. Munida de uma súbita calma, inspecionei a extensão da parede: nem o mais leve vestígio de um portal oval, nem sequer uma ondulação, o gesso estava totalmente liso. Corri a mão pelo acabamento, imaginando afrescos, um estúdio agitado com tonéis de tinta cintilante, um céu azul da Prússia, amarelo ocre e um lago carmesim. Certa vez ansiei viver naquele tempo, uma garota jovem com uma touca de musselina contemplando fixamente o círculo de cores de Goethe, brilhante e obscuro, girando devagar abaixo da superfície de uma piscina de mercúrio. Retraçando por um momento a fonte, notei que o narciso da primavera tinha brotado cedo demais, então vi como ele tremeu e recuou.

Água pingava da parte descoberta da claraboia. Flores cortadas por todo lado, liberando um odor anestesiante quando esmagadas sob os pés. Ignorando qualquer efeito entorpecente, joguei as pétalas amarelas num saco de lixo, peguei o esfregão e o balde e passei um pano no piso de madeira. Mais tarde me dediquei à tarefa de separar várias páginas encharcadas de um manuscrito disperso, desanimada de ver as palavras se dissolverem em borrões indecifráveis.

— A piscina também é um espelho, eu disse em voz alta para quem quer que pudesse estar escutando.

Sentei na beira da cama, respirei fundo algumas vezes e enfiei umas meias secas. Os próximos dias de março eram uma provocação. A morte de Artaud. O falecimento de Robert Mapplethorpe. O nascimento de Robin e o aniversário da minha mãe, no mesmo dia, dizem, que as andorinhas retornam a Capistrano,* seguido pelo primeiro dia da primavera. Minha mãe. Como às vezes ansiava por ouvir a voz dela. Me perguntei se as andorinhas iam voltar esse ano, uma dúvida infantil revisitada.

Ventos de março. Águas de março. Idos de Março. E, é claro, a Lebre de Março. Lembro de quando criança ficar um bocado comovida com a estranha lebre, convencida de que ela e o Chapeleiro Maluco eram uma coisa só, inclusive compartilhando as mesmas iniciais.** Me entretive com a ideia de que eles eram cambiantes e ainda assim podiam permanecer eles mesmos. Adultos racionais achavam que isso era improvável, e ainda assim eu não me deixava convencer, não por uma ilustração de Tenniel ou um desenho da Disney, nem mesmo por Lewis Carroll em pessoa. Minha lógica talvez fosse cheia de lacunas, mas o País das Maravilhas também era. A Lebre presidia uma festa do chá interminável,

---

* "When the Swallows Come Back to Capistrano", música de Leon René gravada na década de 1940. (N. T.)
** March Hare [Lebre de Março] e Mad Hatter [Chapeleiro Maluco] em inglês no original. (N. T.)

como se o tempo calculável tivesse sido sacrificado muito antes de a festa começar. Foi o Chapeleiro quem cometeu o sacrifício, abrindo os braços e cantando o tema imutável do País das Maravilhas, aquele que ouvi com atenção ao longo da infância. Quando Johnny Depp aceitou o papel de Chapeleiro, também foi atraído por essa multiplicidade de seres e deixou de ser apenas Johnny. Ele sem dúvida se tornou o arauto da musiquinha sagrada.

— Vamos morrer um pouquinho? ele cantou, estendendo os braços como se para abranger tudo. Ouvi isso com meus próprios ouvidos, como se cada nota se estatelasse como uma lágrima de felicidade, e aí se dissipasse. Desde então, levei com frequência o convite do Chapeleiro de Johnny em consideração — *Vamos morrer um pouquinho?* O que ele pode ter querido dizer? Um punhadinho inocente de desordem, sem dúvida, ou um tipo de feitiço homeopático, uma pequena morte que imuniza contra o terror da maior delas.

As primeiras horas de março derreteram nos dias que se seguiram. Me permiti ser guiada, nada além de uma gotícula deslizando pelo rabo espiralado de um macaco. No aniversário da minha mãe, fui informada de que as andorinhas tinham de fato encontrado o caminho para Capistrano. Naquela noite, sonhei que estava de volta a San Francisco no Miyako Hotel. Estava de pé no centro de um jardim zen que não era muito mais do que uma caixa de areia enfeitada, e ouvi a voz da minha mãe. Patricia, foi tudo que ela disse.

No primeiro dia da primavera, sacudi o colchão de penas e abri as persianas. Medalhões caíam dos galhos das árvores jovens e a fragrância entorpecente dos narcisos voltara. Iniciei minhas tarefas, assoviando uma melodia várias vezes esquecida, certa de que a gente, como as estações, ia prevalecer, e que dez mil ainda são um piscar de olhos de um planeta com anéis ou de um arcanjo armado com uma espada de vidro.

O Stetson do Sam.

O gigante vermelho

Primeiro de abril, Dia da Mentira. Um trapaceiro tomou as rédeas da situação, enquanto bolas de confusão rolaram até nós, dezenas de bolinhas de aço, nos fazendo tropeçar, nos tirando o equilíbrio. As notícias chegaram com força e mentes se apressaram em dar sentido à campanha de um candidato compondo mentiras a uma velocidade impossível de acompanhar ou interromper. O mundo se retorceu ao gosto dele, se derramando com uma substância metálica, ouro de tolo já descascando. Aguaceiro e mais aguaceiro, as chuvas de abril, assim como na canção infantil, caíram direto sobre os Estados Unidos, para o oeste, acima de Marin County, testemunha melancólica das lutas de Sandy. Tentei ignorar o desconforto, tocar o trabalho, fazer as orações, dar um tempo. Mais chuva bombardeou a claraboia, mil batidas de cascos errantes, energias magnânimas correndo em direção à terra.

Sentei na escrivaninha e abri o computador, percorrendo devagar uma longa sequência de convites. Havia grande quantidade deles, quase todos ligados ao trabalho, e passei à tarefa de estudar um por um, parando satisfeita em algum ponto da metade.

Tinham me oferecido trabalho na Austrália, dali a um ano, shows em Sydney, Melbourne e num festival em Brisbane. Fechei o computador, peguei um atlas e fui até o mapa da Austrália. Era uma viagem e tanto e um bom tempo longe, mas eu sabia exatamente como ia ser, fazer nove shows e depois, com a banda a caminho de casa, pular num bimotor até Alice Springs e contratar um motorista para me levar a Uluru. Respondi na hora. Sim, aceito o trabalho, e marquei os dias no calendário de 2017, que estava completamente vazio. Vários A no mês de março do próximo ano, de Austrália e Ayers.

De modo inexplicável, a placa do Dream Motel descobriu que eu queria ver Ayers Rock, assim como Ernest. Décadas atrás, inspirado por um desenho animado australiano, um que víamos juntos, meu filho pequeno desenhou imagens com giz de cera vermelho nas páginas dos meus cadernos, apagando os escritos por baixo. As esperanças de um dia ir com Sam foram desfeitas, mas minha jornada sem dúvida teria a bênção dele. Minhas botas esperavam no armário, as solas encrustadas do solo vermelho de um lugar em que curiosamente eu nunca tinha estado.

Liguei para Sam alguns dias depois, mas não mencionei o grande monólito vermelho. Em vez disso falamos de cavalos vermelhos.

— Foi o aniversário do Secretariat alguns dias atrás.

— Como é que você pode saber o aniversário de um cavalo? Sam riu.

— Porque é um cavalo que você ama, eu disse.

— Venha para o Kentucky. Vou te contar a história do Man o' War, outro gigante vermelho. A gente pode apostar nos cavalos e acompanhar a corrida pela televisão.

— Boa, Sam. Vou dar uma olhada nos competidores antes.

Primeiro de Maio, sentei na varanda em Rockaway. Não havia nada além de flores silvestres azuis crescendo no meu pequeno pátio, como se tivessem sido semeadas pelo céu. Fora dali, à distância de uma viagem longa de metrô, a visão do mundo desaparece. O que resta são algumas borboletas, duas joaninhas e um louva-a-deus. Tudo se resume à minha escrivaninha com um retrato de estúdio de um jovem Baudelaire e uma daquelas fotos de cabine de uma jovem Jane Bowles e um Cristo de marfim sem os braços e uma pequena gravura emoldurada de Alice conversando com o Dodô. Tudo se resume a uma polaroide meio borrada de Sam e eu no Café'Ino há alguns anos, quando as coisas eram quase normais.

Estudei o *The Morning Telegraph*, como tinha feito quando era garotinha para imitar meu pai, um apostador meditativo. Talvez estivesse no sangue, porque no geral meu talento para escolher cavalos era fora do comum, especialmente a colocação. No entanto, não conseguia ter um palpite para essa corrida em particular, mas finalmente decidi pelo Gun Runner. Dois dias depois comprei uma passagem para Cincinnati, pagando um motorista para cruzar a fronteira estadual até um posto de gasolina perto de Midland, onde iam me buscar. Vi a caminhonete branca chegando. Sam e a irmã Roxanne. Notei com uma pontada de dor que não era Sam quem estava dirigindo.

No último Dia de Ação de Graças, Sam tinha ido me buscar no aeroporto com a caminhonete, não sem esforço, usando os cotovelos para guiar o volante. Ele fazia as coisas que podia, e quando não podia ele adaptava. Naquela época ele estava revendo *Aqui de dentro*. A gente acordava cedo, trabalhava por várias horas, então fazia uma pausa, sentando do lado de fora nas cadeiras Adirondack e falando basicamente de literatura. Nabokov e Tabucchi e Bruno Schulz. Eu dormia no sofá de couro. O respirador de Sam tinha um zumbido suave, envolvente. Uma vez que ele estivesse pronto, depois de puxar as cobertas para cima e cruzar as mãos, eu sabia que era hora de dormir, e algo dentro de mim aquiescia.

— Todo mundo morre, ele disse, baixando os olhos para as mãos que iam aos poucos perdendo a força, ainda que eu nunca tenha imaginado isso. Mas por mim tudo bem. Vivi minha vida do jeito que eu quis.

Agora, como sempre, nos jogamos direto no trabalho. Ele estava na reta final, empenhado em concluir *Aqui de dentro*. Fisicamente, escrever se tornou cada vez mais cansativo, então eu lia o manuscrito para ele e ele dizia o que tinha de ser feito. Os ajustes finais demandaram mais raciocínio que escrita, uma busca pela combinação de palavras desejada. Quando o livro se revelou, fiquei deslumbrada com a bravata da linguagem, uma mistura narrativa de poesia cinematográfica, fotos de Southwest, sonhos surreais e o singular humor negro. Indícios dos atuais desafios emergiam aqui e ali, vagos embora inegáveis. O título havia sido extraído de uma frase de Bruno Schulz, e quando a questão da capa surgiu, estava bem ali, a fotografia da fotógrafa mexicana Graciela Iturbide que Sam tinha prendido no canto da

janela da cozinha. Uma mulher da etnia seri com o cabelo preto solto e saias flutuantes no deserto de Sonoma carregando um aparelho de som. Nós olhávamos para ela durante o café, assentindo de um jeito cúmplice. Da janela, dava para ver os cavalos vindo até a cerca. Cavalos que ele já não podia montar. Ele nunca disse uma palavra sobre isso.

Na manhã da corrida, fizemos nossas apostas. Seria uma corrida rápida e nenhum de nós tinha um palpite quanto ao vencedor. Sam me disse para apostar no Gun Runner, garantindo o pagamento se ele chegasse em terceiro, então apostei. A corrida estava marcada para começar às 6h51, horário de verão da Costa Leste, a 142ª corrida em Churchill Downs. Quando nos reunimos em volta da TV, me ocorreu que era o aniversário do meu falecido sogro, Dewey Smith. Quando meu marido estava vivo a gente também se reunia em volta da TV na casa dos pais dele para assistir às corridas, e me perguntei em qual cavalo Dewey teria apostado. Ele tinha nascido no leste do Kentucky e o pai dele era um xerife que patrulhava o condado no lombo de um cavalo, com um rifle do lado. Três anos seguidos, para o assombro de Dewey, eu tinha escolhido o cavalo que chegava em segundo, mas hoje o meu cavalo, Gun Runner, chegou em terceiro.

Depois do jantar, saí e sentei nos degraus da frente para olhar o céu. Lua crescente, como a tatuagem entre o polegar e o indicador de Sam. Algum tipo de mágica, eu sussurrei, mais um apelo do que qualquer outra coisa.

Alguns dias depois de ter chegado em casa, recebi um pequeno pacote e um bilhete da irmã de Sam. Sam tinha mandado o canivete dele junto com o dinheiro que ganhei, embrulhados num jornal. Guardei o canivete num armário de vidro ao lado da xícara de café do meu pai. Nos dias seguintes me senti cansada e confusa, o que não era de forma alguma meu normal. Presumi que estava apenas de baixo-astral, talvez resfriada, e decidi não tomar nenhuma atitude.

Trinta de maio era dia de Joana d'Arc, um dia tradicional de reforçar o otimismo. Ainda me sentia pra baixo e minha tosse tinha piorado, mas me parecia que alguma coisa borbulhava sob a superfície, que alguma coisa estava prestes a acontecer, como o nascimento de um poema ou a erupção de um pequeno vulcão. Naquela noite tive o sonho, aquele que parecia mais um presente do que um sonho, medicinal e puro como uma corrente ártica imaculada.

No sonho estávamos sozinhos na cozinha e Sam me falava do calor na região central da Austrália, e do brilho de rubi de Ayers Rock e de como naquela época — no dia, como ele disse —, antes de terem resorts, ele foi para lá sozinho e sem guia, de jipe, e viu Ayres Rock por conta própria. Um rolo de memória se desenrolou, como um vídeo caseiro pouco nítido, e o vimos sair do jipe e iniciar a escalada proibida. Ele colheu as lágrimas dos aborígines. Eles eram negros, não vermelhos, e ele os colocou em uma bolsa de couro pequena e desgastada, como a bolsa *gris-gris** que caiu do bolso de Tom Horn quando eles o penduraram para Deus sabe o quê.

Olhei para Sam sentado imóvel na cadeira de rodas motorizada estacionada diante da mesa da cozinha. A cabeça dele foi se transformando num diamante enorme que girava devagar, emitindo raios dos olhos incrustados. Então ainda havia esperança, mesmo com as coisas bagunçadas como estavam. O cômodo contraiu e expandiu como um pulmão ou uma gaita de fole. Segui as ordens dele com agilidade, desengatando o oxigênio.

— Você está pronta? ele disse.

— Mas como você vai conseguir respirar?

— Não preciso mais disso, ele respondeu.

Viajamos até Sam encontrar o local que procurava, então sentamos em caixotes de madeira, só esperando. Uma mulher veio e se pôs a trabalhar, colocando uma mesa de madeira baixa na nossa frente. Outra trouxe duas tigelas, mas nenhum talher, e uma terceira carregou um caldeirão fumegante de sopa. O feto de uma galinha preta boiava num caldo de dezoito ervas medicinais, com nove gemas formando uma coroa em torno da pequena cabeça. Um sistema solar de gemas, um arco perfeito de ombrinho a ombrinho.

— É uma receita milenar, ele explicou, esse caldo vem do sol. Beba, é uma dádiva. Me entregaram uma concha e a mulher se retirou. Estava consternada por ser aquela que ia destruir

---

* Amuleto do vodu. (N. T.)

a imagem flutuante que já tinha assumido o aspecto de um santinho bordado.

— Você tem que fazer isso, ele disse, olhando para as próprias mãos.

Tinha certeza de que aquilo ia me deixar doente, mas ele piscou para mim, então bebi, e num instante um caminho apareceu, um caminho de poeira de estrelas. A gente se levantou mas eu dei as costas, me sentindo confusa. Então Sam começou a falar, me contou a história do Man o' War, o maior cavalo de corrida que já existiu. E me disse que era possível amar um cavalo tanto quanto um ser humano.

— Sonho com cavalos, ele sussurrou. Sonhei com eles a minha vida toda.

Seguimos viagem e, como eu temia, fiquei doente. Depois de três dias ainda estava suando e vomitando. Estava esgotada e desidratada e a gente tinha de parar em todo e qualquer córrego para eu poder beber. No quarto dia, notei que Sam estava apanhando a água com as próprias mãos.

— Como pode ser? eu estava pensando.

— O caldo está funcionando, ele disse, lendo os meus pensamentos.

Embora não estivesse realmente falando. Ele estava em pé na beira de um enorme desfiladeiro, maior que o Grand Canyon, maior que a cratera de diamantes na Sibéria, mascando um pedaço de palha. Sentei bem imóvel. Ele estava ouvindo uma debandada solitária, como se viesse da respiração de um sonho letal. E então eu vi, através dos olhos da mente dele, o maior cavalo de corrida que já existiu, uma estrela branca na testa e o dorso vermelho e brilhante como uma brasa no escuro.

A xícara do meu pai.

Intervalo

Nada é solucionado. Solução é ilusão. Existem momentos de brilho espontâneo, quando a mente parece libertada, mas é mera epifania.

Essas eram as palavras que se arrastavam cineticamente, como se aquela maldita placa houvesse me seguido de volta a Nova York. Me sentei com um ponto de partida. Acho que cochilei brevemente na minha escrivaninha enquanto trabalhava no computador, porque um trem redundante de vogais errantes concluiu uma frase não terminada.

— Necessárias são as provas. Só provas conferem a distinção matemática verdadeira.

— Para não falar do poeta detetive, repliquei de mau humor.

Levanto e entro no banheiro, parando para limpar o assento da privada pois o fantasma de uma pegada pôde ser detectado. Provas, eu devaneio, lavando as mãos. Euclides sabia. Gauss e Galileu. Provas, digo em voz alta, olhando o espaço ao redor. Num momento de ação decisiva, abro a janela, desfaço a cama e prego a parte de cima do lençol na parede, perscrutando a brancura. Desenterro de uma caixa de velharias uma caneta de desenho preta, do tipo que os artistas usavam no século xx. Depois de ficar parada por vários minutos, traço as inclinações e curvas conhecidas da estratosfera na superfície do lençol.

Nos dias seguintes as anotações nos lençóis se multiplicaram. Fragmentos de grego, expressões algébricas, faixas mutantes de Möbius, e a espiral enferrujada de uma mola estriando o lençol com traços de uma equação indecifrável.

— Nada está solucionado, censurou a placa.

— Nada solucionado, gritam a justiça e as balanças.

Seguindo as vozes, entrei na biblioteca de um vasto salão com volumes enormes contendo imagens tombadas e preservadas, como num álbum de recortes, com legendas a lápis. O navio se aproximou do porto de Brindisi quando Virgílio deu o último suspiro. Navios fantasmas congelados no mar ártico, seguros por velas de gelo reluzindo como diamantes africanos. Ossos flutuantes de gigantes pré-históricos que já foram icebergs orgulhosos. Embarcações migrantes tombando e os rostos azuis de crianças e colmeias em colapso e uma girafa morta.

Nada está solucionado, sussurra um anel de poeira enquanto reponho o volume pesado em uma prateleira uniformemente empoeirada. Nem uma maldita coisa, cósmica ou comicamente. Posso sentir a placa no meu encalço. Em retaliação, sigo no encalço dela, embora lamente a irritação que causo, já que a placa não parece ela mesma em absoluto.

— Nada está solucionado, repetiu a placa.

— Nada solucionado, endossou a natureza.

Busquei consolo nas nuvens que mudavam de forma com rapidez — um peixe, um beija-flor, um menino com um snorkel, retratos de tardes que se foram.

É o calor sem precedentes e os arrecifes agonizantes e as calotas polares se partindo que me assombram. É Sandy deslizando pelas portas da consciência, travando uma luta contra as infecções bacterianas, enquanto mapeia os próprios cenários apocalípticos direto das entranhas do Heart O' the City Hotel, de *Matrix*. Posso ouvi-lo pensando, posso ouvir as paredes respirando. Talvez uma pausa seja necessária, uma espécie de intervalo, uma retirada de um único cenário, permitindo que outra coisa se desdobre. Alguma coisa insignificante, luminosa e totalmente inesperada.

Algum tempo atrás, durante um intervalo de *Tristão e Isolda* no La Scala, procurando um banheiro, entrei sem querer num quarto destrancado onde alguns figurinos de Maria Callas eram preparados para exibição. Ali na minha frente estava o inconfundível caftã preto que ela usou como Medeia no filme dirigido por Pier Paolo Pasolini. Também havia a túnica, o diadema com o véu, vários colares de contas pesadas de âmbar e a casula toda bordada que ela foi obrigada a usar enquanto corria pelo deserto num calor tão intenso que Pasolini disse ter filmado em calções de banho. Sua Medeia, apesar de interpretada pela soprano mais expressiva do mundo, não cantou, o que Sandy e eu achamos irreverente e requintado, adicionando uma tensão dissonante à magnífica performance. Levantei o âmbar e corri a mão pelo comprimento da túnica, a mesma que a transformou na bruxa de Cólquida. O aviso soou e corri de volta ao assento, sem que as pessoas que me acompanhavam notassem nada de incomum. Eles não tinham ideia de que no espaço de um intervalo eu tinha tocado as vestimentas sagradas de Medeia, cujas tramas continham o suor da grande Callas e as marcas invisíveis das mãos de Pasolini.

Nada está solucionado, mas vou cair fora de qualquer jeito, eu disse, fazendo uma mala pequena. A mesma coisa de sempre: seis camisetas da Electric Lady, seis pares de roupa íntima, seis meias com estampa de abelha, dois cadernos, remédios naturais para tosse, minha câmera, os últimos pacotes meio vencidos de filmes para a Polaroid e um livro, *Poesia reunida* de Allen Ginsberg, um aceno para o aniversário dele dali a alguns dias. A poesia de Ginsberg me acompanharia numa curta turnê de palestras, uma que me levaria para as cidades de Varsóvia, Lucerna e Zurique, livre durante o dia para desaparecer pelas ruas, algumas familiares e algumas estranhas, me levando a fazer descobertas inesperadas. Um tantinho de errância passiva, uma pequena pausa no clamor, nos gritos do mundo. As ruas por onde Robert Walser andou. O túmulo de James Joyce colina acima. O terno de feltro cinza de Joseph Beuys pendurado numa galeria vazia em Oslo.

Me desconecto das notícias nas viagens, releio poemas do Allen, uma ampla jukebox de hidrogênio que contém todas as nuances da voz dele. Ele não ficaria alienado da atmosfera política de agora, mas se atiraria de cabeça, usando toda a capacidade da própria voz, instando todos a ser vigilantes, a se mobilizar, a votar, e, se fosse necessário, seria arrastado num camburão, pacificamente desobediente.

À medida que avanço de uma fronteira a outra, a atmosfera de movimento assume um caráter sobrenatural. As crianças parecem animadas, bonecas de papel vestindo casaquinhos, puxando suas próprias malas enfeitadas com emblemas de suas próprias viagens. Quero segui-las, mas continuo meu caminho, avançando na minha predestinada viagem rumo a Lisboa, a cidade da noite de paralelepípedos.

É lá que encontro os arquivistas da Casa Fernando Pessoa, onde sou convidada a passar um tempo na adorada biblioteca pessoal do poeta. Deram-me luvas brancas que me permitem examinar alguns dos livros favoritos dele. Há romances policiais, coletâneas de poemas de William Blake e Walt Whitman, e seus preciosos exemplares de *As flores do mal*, *Iluminações* e os contos de fadas de Oscar Wilde. Os livros parecem uma janela mais íntima

para Pessoa do que sua própria escrita, pois ele criou várias personas que escreveram sob aqueles nomes, mas tinha sido o próprio Pessoa quem adquiriu e amou aqueles livros. Essa pequena compreensão me intrigou. O escritor desenvolve personagens independentes que vivem a própria vida e escrevem sob os próprios nomes, nada mais nada menos que setenta e cinco deles, cada um com seu chapéu e seu casaco. Então como a gente pode conhecer o verdadeiro Pessoa? A resposta está na nossa frente, os livros dele, uma biblioteca idiossincrática perfeitamente preservada.

Gravar o poema "Saudação a Walt Whitman" para o arquivo oral, escrito por uma dessas criações — Álvaro de Campos —, melhora meu ânimo. Tinha, coincidentemente, lido o poema de Allen para Whitman uma noite antes, e os bibliotecários que tomavam conta dos livros ficaram deliciados ao ouvir a respeito da conexão. O tempo passou rápido, e esqueci de perguntar se eles tinham algum dos chapéus de abas largas de Pessoa, que eu imaginava que estivessem nas caixas originais, talvez dentro de um armário oculto junto a uma fileira de sobretudos usados para os passeios noturnos clandestinos. Voltando ao hotel, passei pela imagem dele, forjada em bronze, e que mesmo assim parece em movimento.

Foi na cidade de Pessoa que me demorei, embora não pudesse dizer com total certeza o que estava fazendo. Lisboa é uma boa cidade onde se perder. Manhãs nos cafés rabiscando em mais um caderno, cada página em branco oferecendo uma fuga, a caneta fazendo seu trabalho de um jeito fluido e constante. Dormi bem, sonhei pouco, simplesmente existi dentro de um interlúdio ininterrupto. Num passeio ao crepúsculo, um tipo de música flutua pela cidade velha, evocando a voz baixa, sonora do meu pai. Sim, "Lisbon Antigua", uma das favoritas dele. Quando era criança, perguntei a ele o que o nome da música significava. Ele sorriu e disse que era um segredo.

Irmãos e irmãs, os sinos do anoitecer estão badalando. Lanternas iluminam as ruas parecidas. Dentro de um silêncio como o de um quadro de Edward Hopper, sigo o caminho pelo qual Pessoa uma vez andou, a qualquer hora. Um escritor de múltiplas mentes, muitas maneiras de ver e muitos cadernos, etiquetados com tantos nomes. Andando pelos passeios de pedra, tocando os muros cobertos de hera, passo por uma janela e noto um cavalheiro de pé no bar, ligeiramente curvado, rabiscando num caderno. Ele usa um sobretudo marrom e chapéu de feltro. Tento entrar, mas não há nenhuma porta. Olho para ele através do vidro e o rosto que vejo é familiar embora estranho.

— Ele é como você e eu.

Era a placa outra vez, minha nêmesis clarividente, mas, do fundo da minha solidão imposta, não pude deixar de me alegrar.

— Você acha mesmo? eu perguntei.

— Tenho certeza absoluta, ela respondeu, um tanto afetuosa.

— Sabe, eu sussurrei, você tinha razão, realmente estou indo para Ayers Rock.

— Você já está com as solas dos sapatos vermelhas.

Não perguntei à placa como meu marido se saiu em qualquer que tenha sido o lugar atribuído a ele no universo. Não perguntei qual o destino de Sandy. Ou Sam. Essas coisas eram proibidas, como suplicar aos anjos com uma oração. Sei disso muito bem, uma pessoa não pode perguntar por uma vida, ou duas vidas. Pode apenas garantir a esperança num aumento do poder do coração de cada homem.

Os paralelepípedos me levaram à minha casa provisória. O quarto era uma mistura encantadora de simplicidade e detalhes incomuns. Há uma cama de madeira entalhada com uma colcha de linho e uma pequena escrivaninha com um peso de papel de cristal branco e um abridor de cartas de ferro manchado. O escasso suprimento de papelaria, suficiente para uma única

Café A Brasileira, Lisboa.

carta, é ainda assim de pergaminho finamente polido. O chão do banheiro é um mosaico cintilante feito de pequenos azulejos azuis e brancos como o chão dos banhos romanos.

    Sento à mesinha e pego minha velha Polaroid Land da bolsa para inspecionar os foles. O livro com os poemas de Allen está aberto em "Um supermercado na Califórnia". Eu o imagino de pernas cruzadas no chão do lado do toca-discos cantando junto com Ma Rainey. Declamando Milton e Blake e a letra de "Eleanor Rigby". Molhando a testa do meu filho criança, que sofria de enxaqueca. Allen cantando, dançando, uivando. Allen no seu sono definitivo, debaixo de um retrato de Walt Whitman, e seu companheiro da vida toda, Peter Orlofsky, ajoelhado ali do lado, cobrindo-o com uma faixa de pétalas brancas.

    Estou cansada mas satisfeita, acreditando ter mais ou menos desvendado os segredos da cidade. Na gaveta do criado-mudo há um mapa de bolso ilustrado, um pequeno guia da cidade de Sabrosa, berço de Fernão de Magalhães. Tenho uma vaga lembrança de desenhar um navio dando a volta ao mundo na mesa da cozinha. Meu pai preparando uma caneca de café assoviando "Lisbon Antigua". Quase consigo ouvir as notas se fundindo com o som da cafeteira. Sabrosa, sussurrei. Alguém está apertando meu cinto. A cama de madeira no canto do quarto parece muito distante, e tudo não passa de um intervalo com uma consequência pequena e delicada.

O marinheiro está em casa

O lençol que eu havia prendido na parede continuava lá, suspenso como uma vela frouxa. Tinha esquecido completamente dele. O estado mental que induziu as marcas intricadas havia sido alterado. Além disso, chuvas fortes fizeram a claraboia vazar e o lençol agora estava manchado com linhas cor de ferrugem que pareciam conter uma linguagem própria que entrava e saía, flutuando, do meu sono intermitente.

Sem lua, o céu escuro lá em cima. É melhor se controlar, são só quatro da manhã, disse a mim mesma enquanto me arrastava banheiro adentro, um banheiro estranhamente espaçoso, como se dois cômodos pequenos tivessem sido eviscerados para produzir uma anomalia desnecessária. Há uma pia antiga imensa, um pequeno chuveiro azulejado, uma banheira obsoleta com pés de garra transbordando com roupas de cama, e espaço suficiente para jogar um tapete e me esticar nas noites quentes de verão. Pousado contra a janela há um espelho levemente manchado com um cartão-postal desbotado do *Victoria*, o segundo menor navio de Fernão de Magalhães, tripulado pelo próprio explorador.

Detectando a insônia no horizonte, desenrolo a esteira e recorro a um velho jogo, um truque concebido originalmente para me fazer dormir. Imagino a mim mesma como um marinheiro do tempo dos grandes navios baleeiros numa longa viagem. Estamos no centro de uma tempestade violenta e o filho inexperiente do capitão prende o pé numa corda e é puxado para o mar. Inabalável, o marinheiro pula no mar tempestuoso logo atrás dele. Os homens atiram vários metros de corda e o garoto é levado ao convés nos braços do marinheiro e carregado para baixo.

O marinheiro é chamado ao tombadilho e conduzido ao local sagrado do capitão. Molhado e tiritando, olha o ambiente com admiração. O capitão, numa rara demonstração de emoção, o abraça. Você salvou a vida do meu filho, ele diz. Diga-me como posso servi-lo da melhor forma. O marinheiro, constrangido, pede uma caneca cheia de rum para cada homem. Fechado, o capitão diz, mas e quanto a você? Depois de alguma hesitação, o marinheiro responde: Tenho dormido no chão da cozinha, camaratas e redes desde que era garoto, faz um bom tempo que não durmo numa cama decente.

Comovido com a humildade do marinheiro, o capitão oferece a própria cama e então se retira para o quarto do filho. O marinheiro fica de pé diante da cama vazia do capitão, uma cama com travesseiros de penas e colcha clara. Há um enorme baú de couro a seus pés. Ele se curva, assopra as velas e sucumbe a um sono raro e de todo envolvente.

É o jogo que jogo às vezes quando o sono é fugidio, um jogo que evoluiu da leitura de Melville, que me leva da esteira no chão do banheiro até a minha própria cama, proporcionando uma grata letargia. Mas não é o que acontece nessa noite marcada pela umidade. O macaco maldoso, brincando com o clima, brincando com a eleição que vem aí, brincando com a mente, dá origem a um sono amargo ou à ausência de sono. Interrompendo essas re-

Ele observa os arredores fascinado.

flexões desordenadas, de repente a chuva bate na claraboia. Observo as faixas vermelhas se rompendo e se realinhando, um texto sumério indecifrável. Pego um balde no armário e o coloco sob a goteira, me antecipando aos pingos iminentes, com seu próprio ritmo bucólico.

Ligo a pequena televisão, tomando o cuidado de evitar o noticiário. Na tela, uma Aurore Clément loira sussurra em francês enquanto enche o fornilho de um cachimbo de ópio.

— Há dois de você, ela diz, se aproximando de Martin Sheen, um que mata e um que não.

— Há dois de você, ela repete, deslizando para fora do enquadramento. Um anda pelo mundo, um anda pelo sonho.

Ela reaparece, deixa cair o robe e lentamente desamarra o mosquiteiro ao redor da cama. Ele traga do cachimbo, vendo os contornos do corpo dela se movendo por trás da rede clara. Ela desata sem pressa cada um dos lados enquanto ele a alcança, através da névoa de uma guerra cinematográfica.

Pelo menos sinto o sono se aproximando, dizendo boa-noite para o marinheiro e para o capitão Willard e para a garota francesa com o cachimbo de ópio. Posso ouvir minha mãe recitando um poema de Robert Louis Stevenson. *O marinheiro está em casa, voltou do mar. E o caçador voltou da colina.* Posso ver a mão dela erguendo um rolo, repintando um quarto ou alisando o novo papel de parede. Os créditos estão rolando, ali diz *Apocalypse Now Redux*. A rede se fecha ao meu redor, o elástico é cortado e o sangue corre num frasco, atraindo o pensamento inacabado de alguém.

Para Sandy.

Imitação de um sonho

Sandy abra os olhos. Tracei essas palavras na janela com minha mão esquerda, de novo e de novo, como se produzisse um feitiço. O tipo de feitiço de um ardente Artaud, um que realmente funcionasse. Mas nenhum esforço místico seria capaz de realinhar a diretriz do Ceifador. Era 26 de julho. O prelúdio terminou, Parsifal ajoelhou diante do cisne ferido de morte e Sandy Pearlman deixou a terra.

No mesmo dia, houve notícias de incêndios florestais no sul da Califórnia, a fumaça densa percorrendo todo o caminho até Nevada. A convenção dos democratas ardia com a própria mistura inflamável de esperança e desespero. *Solar Impulse 2*, a aeronave movida a energia solar, completou o último trecho da volta ao mundo. Os deuses que Sandy tinha cultuado enterraram as cabeças de mármore em toalhas cor de areia. Ele nunca ia entrar na Matrix com seu amado Keanu Reeves, ou circular pelo mundo maluco do Donnie Darko ou ouvir "Angel of the Morning" ou comer uma fatia do bolo *devil's food*. Sandy, com o coração reflexivo, compondo uma vasta reinterpretação da história por meio de um sonho ininterrupto, estava agora em busca de seu reino de Imaginos, capitão do próprio navio encantado.

Os dias de verão se estenderam. Girassóis desabrocharam em cada campo. Na minha solidão, imaginei lobos uivando. Fui atrás deles, me arrastando pelo perímetro de gelo, passando por uma casa feita de biscoito de gengibre, uma vila inteira presa numa camada de gelo tão grande quanto a menor das treze colônias. Uma colônia à deriva. Ergui os olhos para o sol, que parecia desenhado pela mão de uma criança, cada raio destacado.

No dia 5 de agosto, o aniversário dele, o aniversário do meu filho, abri o tampo da escrivaninha e achei o último pacote que o Sandy me mandou, um que tinha sido entregue durante as viagens e ficou guardado sem ser aberto. Ele costumava me surpreender com frequência, sem motivo, com presentes como chocolate asteca, latas de salmão-vermelho de Seattle, a travessia de Solti das quatro óperas do *Anel dos Nibelungos*. Pus o pacote na bolsa junto com outras coisas, comi uma massa com nozes e um pouco de cebolinha e fiz a longa viagem de metrô até meu pequeno bangalô em Rockaway Beach. Lutei com a combinação do cadeado no portão maltratado, como se sal seco tivesse travado os números. O quintal era um campo de batalha de festucas gigantescas e cenouras selvagens pisoteadas.

Uma vez lá dentro, escancarei as janelas. Não vinha a Rockaway havia várias semanas, e a casa precisava de um pouco de ar fresco. Sacudi a areia do tapete chinês e aspirei e esfreguei os ladrilhos vermelhos com chá *oolong*. Queria café, mas a umidade tinha cristalizado o que sobrou no meu pote de Nescafé.

Abrindo o pequeno pacote, imaginei Sandy rabiscando o endereço de forma apressada e usando uma quantidade excessiva de fita adesiva, por segurança. Era uma cópia de *Grayfolded*, uma gravação experimental do Grateful Dead, um CD difícil de achar e muito cobiçado. Ele prometeu que encontraria e encontrou. Feliz aniversário, Sandy, disse em voz alta, obrigada pelo presente. Me senti extremamente calma, até mesmo alegre. Enxaguei a louça, preparei um espaguete e sentei na varanda com o prato no colo, olhando o quintal onde gramíneas persistentes tinham asfixiado as hortaliças e flores silvestres, como colonizadores na planície nativa.

Fiquei sentada imóvel, não me levantei, nem peguei as ferramentas ou cortei ou capinei. Me senti morta de repente — não, não morta, mas como que de outro mundo, um tipo agradecido de morte, *grateful dead*. Podia sentir a vida correndo depressa, um avião lá no alto, o mar logo à frente, e as notas de "Dark Star" se desenrolando e flutuando através da porta de tela. Não tinha coragem de me mover, e me deixei ser transportada para outro lugar, muito antes de conhecer Sandy, muito antes de ouvir Wagner, para outro verão na Electric Circus, onde uma jovem garota dançou uma música lenta com um garoto igualmente jovem, estranhamente apaixonada.

Borboletas negras

Últimos dias de agosto com Sam no Kentucky. A gente tinha trabalhado a maior parte da tarde. Saí de novo por volta do crepúsculo para uma pausa curta e fui atraída por uns movimentos estranhos na saliência do muro de pedra que circundava o jardim. Estava coberto de borboletas negras, várias delas, uma em cima da outra, num frenesi esvoaçante a meia-luz. Havia um assobio fraco, talvez a canção de morte delas, as asas escuras como vestes de luto. Uma foto que tirei dos meus filhos crescidos no funeral do avô Dewey me veio à mente. Meu filho com um chapéu Stetson preto e minha filha num vestido preto.

Sam olhou para cima e abriu um sorriso quando entrei; a gente voltou imediatamente ao trabalho. Uma revisão preliminar de um manuscrito recente. Havia várias mudanças e novos trechos que ele citou em voz alta para evitar o esforço de escrever à mão. Algum tempo atrás ele me disse que uma pessoa deve escrever em absoluta solidão, mas a necessidade alterou o processo. Sam se adaptou e parecia revigorado pela expectativa de focar em algo novo.

A irmã dele, Roxanne, faz chá para mim. Você está tossindo, ela diz. Sam sorri. Ela tem essa maldita tosse há quarenta e cinco anos. Sam senta de forma estoica na cadeira de rodas, as mãos descansando sobre a mesa. A velha Gibson descansa num canto, a guitarra que ele não pode mais tocar. E a realidade do presente bate forte, ele não pode mais martelar nas teclas da máquina de escrever, nem laçar o gado, nem lutar com as botas de caubói. Embora eu não diga nenhuma dessas coisas, tampouco Sam. Ele preenche o silêncio com a palavra escrita, buscando uma perfeição que só ele é capaz de ditar.

Continuamos, eu lendo e transcrevendo, Sam escrevendo em voz alta em tempo real. A tarefa mais profunda é resgatar a solidão. A solidão que a escrita requer, a necessidade absoluta de reivindicar essas horas como se fossem um arremesso no espaço, como o astronauta em *2001*, nunca morrendo, só seguindo e seguindo no reino do filme que nunca acaba, no infinitesimal, onde o incrível homem que encolheu continua encolhendo, e é o senhor perpétuo daquele universo.

— A gente virou uma peça do Beckett, Sam diz de um jeito bem-humorado.

Imaginei a gente enraizado nos nossos lugares à mesa da cozinha, cada um morando num barril com tampa de lata, a gente acorda e bate as cabeças e senta diante do café e da torrada com manteiga de amendoim, esperando até o sol raiar, conspirando como se a gente estivesse sozinho, não os dois juntos mas cada um por si, sem perturbar a aura da solidão do outro.

— É, uma peça do Beckett, ele repete.

Quando a noite cai, a irmã cuida de tudo para ele, vê do que ele precisa. Me acomodo na cama improvisada, situada onde posso olhar para ele.

— Você tá bem? ele diz.

— Sim, bem, eu respondo.

— Boa noite, Patti Lee.
— Boa noite, Sam.

Fico ali deitada ouvindo o som da respiração dele. Não há cortinas e posso ver as silhuetas das árvores. A luz da lua ilumina as teias delicadas nos cantos do quarto e a beira da cama dele e a mesa baixa de café entre a gente cheia de livros e meus pés espreitando para fora da manta que me cobre. A imagem da noite eu vejo através dos acenos da janela. Sem conseguir dormir, me levanto e saio para tomar um ar, olhando as estrelas lá em cima e ouvindo os grilos e os sapos-boi a mil. Uso a lanterna do celular e volto ao jardim da casa. As borboletas negras ainda estão ali, imóveis, cobrindo uma porção da saliência do muro do jardim, mas não sei dizer se estão de fato mortas ou só dormindo.

Os sapatos do escritor.

Amuletos

Sentei no centro da minha própria bagunça. As caixas amontoadas contra a parede continham duas décadas de imagens feitas com a Polaroid. Lembrando de uma missão prometida, dei início à tarefa de classificar um sem-número delas, a maioria instantâneos de estátuas e altares e hotéis desativados. Gastei horas, mas não tive sorte na busca pela fotografia que prometi a Ernest — os jogos de Roberto Bolaño. Senti uma pontada de arrependimento, mas no fim das contas eu não tinha a menor ideia de para onde enviar a foto, caso a achasse. *Andando em círculos. Andando em círculos.* Letra de uma música, embora eu não conseguisse lembrar qual. *Andando em círculos*, cercada de imagens de cidades e ruas e montanhas que já não podia identificar, como pequenas evidências de um crime cujos vestígios tinham esmaecido havia muito tempo.

Separei algumas das fotografias que tirei no último ano, por aí. A parede preta do On The Bridge coberta com pôsteres de *Wolf Girl*. O café cujo letreiro era desproporcional em relação ao interior real. Uma cama desfeita, um ângulo ruim da caminho-

nete de Ernest. Um pelicano empoleirado no topo da placa do wow Café. Uma pulseirinha com penduricalhos em movimento, deslizando pelo painel de um Lexus; os muitos penduricalhos de Cammy. Cada um deles conta uma história, ela disse.

Cammy e Ernest e Jesús e a loira, todos personagens de uma realidade alternativa, contornos em preto e branco de um mundo tecnicolor. Até mesmo a placa e os seguranças na praia. Um mundo que em si mesmo não era nada, e ainda assim parecia conter uma resposta para cada pergunta inexprimível numa peça impossível de início de inverno.

Colocando as pilhas de polaroides de volta numa caixa, encontrei vários envelopes fininhos dentro de uma pasta de papel pardo. Havia uma série de imagens do Guggenheim em Bilbao e do saguão estilo anos 50 de um hotel à beira-mar em Blanes. Imagens que sem dúvida eram minhas favoritas, e que mantive à parte. Os sapatos do escritor. O túmulo de Virgílio. Duas tílias no meio da névoa. Uma depois da outra, cada uma um talismã num colar de viagens contínuas. E atrás da foto de uma garotinha de cabelo escuro ondulado estavam os jogos de Bolaño. Não era grande coisa, só o interior de um armário, mas era exatamente o que eu procurava.

    Sentei no chão mais ou menos satisfeita, não tinha sido uma busca infrutífera de jeito nenhum. Olhei a foto da garotinha sorridente, a filha de Roberto Bolaño. Ela não havia brincado com os jogos do pai, mas tinha os próprios jogos. Imaginei várias dessas meninas, girando em círculos, cantando em línguas diferentes que de alguma forma pareciam a mesma. De repente eu me sentia cansada. Fiquei onde estava e me encostei contra a cama, tentando desembaraçar meu cabelo muito cheio de nós. Uma breve lembrança de desembaraçar duas correntinhas douradas me veio à mente. Dois círculos gêmeos dourados e rostos como penduricalhos que balançavam, alguns deles muito perto, alguns deles indistintos.

O unicórnio no cativeiro, *no Cloisters*.

Em busca de Imaginos

Imaginos se aproximou do sol cantando músicas que ninguém conhecia e histórias ficaram inacabadas
                                                    Sandy Pearlman

Andei por toda a Atlantic Avenue, onde uma vez eu tinha comprado hena e discos de reggae que a gente não ia achar em nenhum outro lugar. Parei para remexer nuns baús que transbordavam de fantasias descartadas na frente de um teatro abandonado, robes de paetês e saias cheias de badulaques brilhando ao sol do verão indiano. Desenterrei um vestido de seda delicado, corte amplo embora leve, como se tivesse sido tecido numa fábrica de aranhas militantes. Larguei minha jaqueta em cima de uma caixa e deslizei o vestido sobre a camiseta e o macacão. Continuei cavando e encontrei um casaco, também leve e um tanto puído. Era o meu tipo de casaco, totalmente sem costuras, crivado de pequenos furos na barra e nas mangas. Havia um elástico no bolso direito, preso em alguns fios. Puxei o cabelo para cima num rabo de cavalo e subi a rampa de metal e sentei no meu assento no *Jef-*

ferson Airplane. O avião, não a banda, mas quando olhei para fora percebi que estava numa van, não num avião, o que era perfeitamente confuso. O motorista ligou o rádio, um jogo de beisebol interrompido por chamadas de rádio em outra língua, meio musical, talvez albanês. Ele pegou uma rota diferente da que eu pedi e ignorou quaisquer perguntas. Ele ficava grunhindo e coçando os braços grossos, e notei flocos de pele caindo no apoio de braço preto de couro sintético. Estávamos presos numa ponte, só que não era uma ponte comum e parecia balançar de leve. Estava mais do que tentada a sair dali e ir até a outra ponta caminhando.

E assim continuou. Não importava qual caminho trilhasse ou qual o plano, ainda era o Ano do Macaco. Ainda me movia no interior de uma atmosfera de brilho artificial com bordas corrosivas, a hiper-realidade de um deslizamento pré-eleitoral polarizado, uma avalanche de toxicidade se infiltrando em cada posto policial. Eu limpava a merda dos sapatos de novo e de novo, ainda lidava com os meus próprios assuntos, com essa coisa de estar viva, o melhor que podia. Embora uma insônia insidiosa estivesse aos poucos reivindicando as minhas noites, dando lugar, ao amanhecer, à repetição das aflições mundanas. Em algum ponto tentei dormir com a televisão ligada, uma televisão pequena colocada do lado direito da cama. Evitando o noticiário, sintonizei o conteúdo pago, escolhendo episódios aleatórios de *Mr. Robot* e deixando o volume baixo. Achei a narração monótona de Elliot, o hacker encapuzado, bem relaxante, e fiquei num limbo, o que era quase como dormir.

No início de outubro, Lenny e eu voamos para San Francisco para o memorial do Sandy. Senti uma onda de amargura irracional. O memorial deveria ter sido em Ashland, pensei, com o ciclo inteiro do *Anel* apresentado no nível do chão, sem cenários, num palco circular, onde os enlutados ficariam trocando de posição a cada hora, experimentando o *Anel* de todos os ângulos. Sandy deixou um vazio, e, com sua partida inesperada, sua devoção a Wagner, Arthur Lee, Jim Morrison, Benjamin Britten, *Coriolano* e *Matrix*, e a visão revolucionária de Medeia que ia desequilibrar e depois reformular o mundo do teatro. Como não havia familiares, um por um os amigos falaram com afeto, quando não com bom humor, da juventude dele em Stony Brook, a contribuição para a tecnologia da música, as canções e a produção visionária do Blue Öyster Cult. Ele foi lembrado como professor reverenciado da McGill University, especializado na convergência obscura entre a música clássica e o heavy metal.

Roni Hoffman e o marido, Robert Duncan, os eternos anjos guardiões de Sandy, tinham atravessado com altruísmo a difícil e demorada convalescença; os dois falaram de forma comovente de décadas de amizade. Os fios brilhantes das memórias deles se entrelaçaram com os meus, e me vi numa viagem feita há tempos com Sandy para o Cloisters. Ele ainda tinha o carro esportivo naquela época e queria me mostrar as tapeçarias imponentes conhecidas como A *caça ao unicórnio*, peças canônicas criadas no século XVI por mãos desconhecidas em nome de uma realeza desconhecida. As tapeçarias eram enormes, cenas pictóricas de pelo menos seis metros de altura entretecidas de um jeito intricado com urdiduras de lã e fios de seda metalizados, tramas prateadas e douradas.

Sandy e eu paramos na frente de *O unicórnio no cativeiro*. O animal mítico era circundado por uma cerca de madeira rodeada por um carpete de flores silvestres, morto-vivo e vibrante. Sandy, um admirável tecelão de palavras, traçou os terríveis eventos que levaram à captura do unicórnio, enganado e aí abatido graças à traição da donzela.

— O unicórnio, Sandy disse de modo solene, é uma metáfora do terrível poder do amor.

De joelhos, o unicórnio tremeluzia em sua angústia. Eu o tinha visto e admirado apenas em livros, sem compreender sua magnitude, seu poder inato de despertar uma crença sepultada na existência de uma criatura mítica.

— Esse unicórnio, ele prosseguiu, está tão vivo quanto você e eu.

Lenny bateu gentilmente no meu ombro e me conduziu ao pequeno palco. Tocamos "Pale Blue Eyes", depois uma versão lenta e ritualística de "Eight Miles High", ambas muito significativas para o Sandy. Lenny tocou guitarra elétrica de olhos fechados. Não pude deixar de me sentir distante de um jeito distraído, como Nico na elegia a Lenny Bruce.

Finalmente, Albert Bouchard, o carismático baterista do Blue Öyster Cult, aventurando-se na obra-prima de Sandy, "Astronomy", munido apenas de um violão acústico — uma façanha que requeria um alto grau de abnegação, dada a dimensão solene da peça. Anos antes, tinha visto junto com Sandy, os dois arrebatados, o Blue Öyster Cult tocar a mesma música numa arena para dezoito mil pessoas, com Albert no comando. Sozinho agora, Albert entregou "Astronomy" com um pathos que quebrou todas as barreiras do estoicismo, e todo mundo chorou.

Lenny e eu saímos de novo à noite e andamos por Chinatown. Passamos pelo mesmo banco dos macacos sábios que eu tinha visto quando estava sozinha. A gente andou eternamente, foi o que pareceu, para cima e para baixo nas ruas de San Francisco, parando para tomar fôlego na esquina da Fillmore com a Fell. Eu estava vestindo as roupas que tinha encontrado nos baús emborcados na Atlantic Avenue. Lenny estava usando uma jaqueta preta que tinha pertencido ao meu marido com jeans pretos e um colete de couro preto. Ergui a bainha para amarrar os cadarços das botas.

— Bonito vestido, ele disse.

Dois dias depois, a banda nos encontrou no Fillmore para homenagear Sandy. Assim que saí do carro, dois caras me abordaram. Eles não se pareciam em nada um com o outro, mas davam a impressão de ser a mesma pessoa. O que tinha a cabeça raspada me deu um colar. Pus no bolso da jaqueta sem olhar e mais uma vez subi os degraus de metal até a porta do palco, imaginando Jerry Garcia fazendo a mesma coisa. Lenny já estava ali para me receber, abrindo a porta de ferro pesada. Congelei por um momento antes de ir até ele, subitamente consciente da repetição de todas as nossas ações.

Naquela noite, tocando "Land of a Thousand Dances", fechei os olhos durante o final, improvisando todo o caminho até o Báltico, à terra de Medeia. Andei por aquele trecho árido, seguindo as pegadas das sandálias de Medeia como ela havia seguido Jasão. O velo de ouro cintilou, cegando todos que ousaram lançar um olhar para ele. Vi a chama no coração transparente de Medeia e senti o sangue em ebulição nas veias dela. Alta sacerdotisa mas também camponesa, ela não conseguia medir forças com o pessoal de Jasão. Obrigada a abdicar do eu original, ela se veste de raposa para confundir a caça. Seus filhos pequenos dormem. Filhos de Jasão. Ela o amava e ele a traiu. Observei quando ela levantou o braço branco cheio de pulseiras pesadas. Vi o velo perder o brilho. Vi a adaga encontrar os pequenos corações.

A banda tocou bem alto, as pessoas estavam barulhentas, em erupção espontânea. Talvez alguns tenham seguido o fio ferido da velo de Jasão até a tosquia de Medeia e a terrível bruxaria do além, mas isso não importava. Cantei para o Sandy, e a poesia que vomitava era para ele. Contemplei o sorriso reluzente, aqueles olhos azul-claros, e senti por um instante aquela arrogância alegre que abriu seu manto no altar da ópera, da mitologia e do rock 'n' roll. Eu estava exatamente onde ele estava, e ficamos ali, cada um pressentindo o outro, no precipício da tragédia irremediável.

Por que Belinda Carlisle importa

O telefone do hotel não parava de tocar. Era a recepção, mas qual recepção, qual cidade, qual mês? Certo, era outubro, Seattle, num quarto espaçoso com vista para um enorme aparelho de ar-condicionado, e eu tinha uma palestra marcada para falar da importância das bibliotecas. Eram quatro da tarde e eu havia pegado no sono de casaco. O vestido que usei no memorial estava jogado de uma ponta a outra do sofá. Eu tinha chegado e largado as coisas e desmaiado. Um pouco grogue, lavei o rosto e me preparei para a minha fala, conferindo mentalmente a sucessão de bibliotecas que frequentei desde criança, quando um cartão de biblioteca dava acesso a séries inteiras de livros: Os gêmeos Bobbsey, Os amigos do tio Wiggily, O detetive Freddy, todos os livros do Mágico de Oz e os suspenses de Nancy Drew. Memórias de bibliotecas se cruzaram com imagens dos meus próprios livros, centenas de livros, jogados na cama, enchendo o lado direito de uma escadaria, amontoados numa mesa de cartas na cozinha e em pilhas altas no chão contra a parede.

Uma vez no saguão, fui encurralada e obliterada, que nem Holly Martins em *O terceiro homem*, quando ele foi arrebanhado do hotel em Viena para falar do papel existencial do caubói na literatura norte-americana. Como Holly, me senti demasiado despreparada. De pé diante do espaço lotado, achei que era melhor pegar a via pessoal e falar da importância da biblioteca para a devoradora de livros de nove anos vivendo numa comunidade rural no sul de Nova Jersey, um lugar desprovido de cultura, que não tinha uma só livraria, embora felizmente tivesse uma pequena biblioteca, a mais ou menos três quilômetros da nossa casa.

Falei de como os livros sempre significaram muito para mim e como ia todo sábado até a biblioteca e escolhia os livros da semana. Numa manhã no fim do outono, apesar das nuvens ameaçadoras, me enchi de roupas e saí andando como sempre, passei pelos pomares de pêssego, pela fazenda de porcos e pelo rinque de patinação, até a bifurcação na rodovia que levava a nossa única biblioteca. A visão de tantos livros nunca deixou de me fascinar, corredores e corredores de livros com as lombadas multicoloridas. Gastei um tempo enorme escolhendo minha pilha de livros naquele dia, com o céu ficando cada vez mais sinistro. No início eu não me preocupei, já que tinha pernas longas e era uma corredora bem veloz, mas aí ficou claro que jamais ia derrotar a tempestade iminente. Esfriou, vieram os ventos, seguidos pela chuva forte, depois granizo desabando. Deslizei os livros sob o casaco para protegê-los, tinha um longo caminho pela frente; pulava as poças e podia sentir a água gelada me ensopando as meias. Quando finalmente cheguei em casa, minha mãe balançou a cabeça numa exasperação solidária, preparou um banho quente e me fez ir para a cama. Desabei por causa da bronquite e perdi vários dias de aula. Mas valeu a pena, porque eu tinha os meus livros, entre eles *O homem Tik-Tok de Oz*, *Mágica pela metade* e *O cão de Flanders*. Livros maravilhosos que li várias vezes, só acessíveis para mim graças à nossa biblioteca. Enquanto recontava essa pequena história, notei algumas pessoas na plateia com lenços, reconhecendo algo daquela garotinha, daquela rata de biblioteca, neles mesmos.

Cedo na manhã seguinte, levantei e tomei café num lugar chamado Ruby's. Lembrei de ter comido aqui com Lenny e Sandy alguns anos antes, depois de um show no Moore Theatre, o mais antigo de Seattle, famoso pela decoração egípcia. O grande Nijínski e Anna Pávlova tinham dançado naquele palco, e gente como Sarah Bernhard, os Irmãos Marx, Ethel Barrymore e Harry Houdini deram o seu melhor ali também. Foi segregado uma época, e as pessoas negras eram relegadas aos assentos mais altos dos mezaninos. Essa mancha no teatro não vinha sem ironia, já que os mesmos assentos eram recompensados com a melhor acústica. Aquele foi o ano em que Sandy e eu dirigimos até Ashland para ver *Coriolano* no Festival de Shakespeare do Oregon. Ou, como Sandy se expressou, para testemunhar a queda de um estado de húbris que Shakespeare elevou ao reino do místico. Terminei o café e fui andando para fazer uma doação à missão Pão da Vida. Um sem-teto com um sobretudo cinza comprido e uma touca roxa estava rabiscando uma mensagem num muro de tijolos com um pedaço grosso de giz cor-de-rosa. Deslizei uma nota de cinco na caneca ao lado de uma cama improvisada de papelão e observei os dedos dele enquanto as palavras emergiam devagar: *Belinda Carlisle Importa*.

— Por quê? perguntei. Por que a Belinda Carlisle importa?

Ele me encarou por um tempo bastante longo, que se estendeu em um tempo ainda mais longo, bem lá atrás, quando as cidades eram apenas colinas. Ele desviou o olhar de mim e olhou por cima do próprio ombro, e aí para os sapatos, e finalmente ergueu a cabeça e respondeu numa voz baixa:

— Ela tem ritmo.

Era um momento bem Sandy. Se estivesse aqui, certamente teria nomeado essa uma verdade significativa. Já eu só sorri e dei de ombros. Não duvidava dele, mas também não dei muito crédito, até que vários dias depois, de volta a Nova York, sem conseguir dormir, fiquei zapeando os canais e parei num anúncio. Achei que fosse uma daquelas ofertas em que eles vendem vinte e dois CDs dos anos 80, ou talvez só de grupos de mulheres, mas ali na TV estava o The Go-Go tocando "We Got the Beat" em algum programa de música pop inglês. Todas as garotas eram legais, mas era a Belinda que tinha mais desenvoltura, nada chamativo, meio *Beach Blanket Bingo* com um suingue moderno e um toque do duo francês Paradis, calça legging e saltinho. É, Belinda, eu disse em voz alta, você tem ritmo.

A exuberância dela era contagiante. Imaginei um tipo não violento de húbris se espalhando pela terra, como os meninos em *Amor, sublime amor* impulsionados por uma fanfarronice crescente, cantando "When You're a Jet "... Centenas de milhares de garotas e garotos invadindo as fronteiras abertas, assumindo os movimentos de Belinda Carlisle, cantando "We Got the Beat". E soldados abaixando as armas e marinheiros abandonando os postos e ladrões as cenas dos crimes e de repente a gente está no epicentro de um enorme musical. Sem poder, raça, religião, sem desculpas. E, com esse espetáculo gigantesco se desenrolando na minha mente, alguma parte de mim saltou e desfilou pela estrada, entrando em cena, se juntando ao coro que crescia ad infinitum, como os anjos de William Blake fluindo das páginas agitadas do livro da vida.

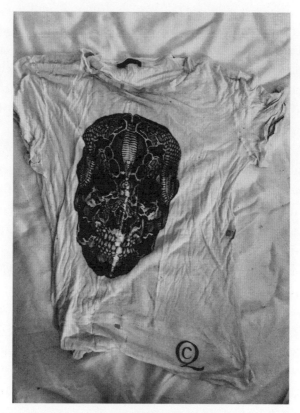

Era o Dia dos Mortos.

A Santa Sé

Era o Dia dos Mortos. As ruas secundárias estavam enfeitadas com caveiras de açúcar e uma espécie de loucura rançosa pairava no ar. Uma eleição no Ano do Macaco me dava uma sensação ruim. Não se preocupe, todos diziam, a maioria vence. Não é bem assim, eu revidava, o silêncio vence e a decisão vai ser deles, daqueles que não votam. E quem pode culpar essa gente, já que é tudo um monte de mentiras, uma eleição corrompida e dispendiosa? Milhões despejados num buraco coberto de plasma, gastos em comerciais de televisão com controvérsias intermináveis. Verdadeiros dias de escuridão. Recursos que poderiam ser usados para remover o chumbo das paredes de escolas em ruínas, abrigar os sem-teto ou limpar um rio imundo. Em vez disso, um candidato atira pás de dinheiro para dentro de um poço, desesperado, e o outro constrói edifícios vazios com o próprio nome, mais um tipo imoral de desperdício. No entanto, apesar de todos os temores, votei.

Na noite da eleição, me juntei a uma reunião de bons camaradas e assisti à novela horrível chamada eleição americana se desenrolar numa TV de tela grande. Um a um todos tropeçaram no amanhecer. O valentão urrou. O silêncio tomou conta. Vinte e quatro por cento da população tinha elegido o que existe de pior em nós mesmos para representar os outros setenta e seis por cento. Viva a apatia americana, viva a sabedoria distorcida do Colégio Eleitoral.

Sem conseguir dormir, fui até Hell's Kitchen. Alguns bares já tinham aberto as portas, ou nunca fecharam, e ninguém varreu ou limpou os reservados para se preparar para um novo dia. Quem sabe para negar que fosse um novo dia ou só para impedir que avançasse. Ainda é ontem, os escombros anunciavam, ainda existe uma chance no inferno. Pedi uma dose de vodca e um copo d'água. Tive que tirar o gelo das duas bebidas e largar num prato de pretzels velhos. O rádio estava ligado, um rádio de verdade, Billie Holiday cantando "Strange Fruit". A voz dela, de sofrimento lacônico, produziu arrepios de admiração e vergonha. Eu a imaginei sentada no bar, gardênia no cabelo e um chihuahua no colo. Eu a imaginei dormindo em um ônibus de turismo a diesel com uma saia branca amarrotada e uma blusa, deixando para trás um hotel sulista de brancos apesar do fato de ela ser Billie Holiday, apesar do fato de ela ser um simples ser humano.

O ventilador de teto estava coberto de poeira. Fiquei vendo-o girar, ou antes o movimento giratório. Devo ter cochilado por um momento, pegando o fragmento do final de outra música que tocava. *New York, I love you, but you're bringing me down.* Colinas cobertas de pinheiros, ovos frescos num cesto.

— Outra bebida?
— Não sou muito de beber, eu ia dizendo. Só um café preto.
— Quer leite?

A garçonete era bonita, mas tinha um pedaço de pele pendendo do lábio. Eu não conseguia parar de olhar. Na minha cabeça, o pedaço de pele ficou maior e mais pesado, então se soltou e despencou numa tigela imaginária de caldo fumegante que alargou, formando uma piscina borbulhante de onde emergiu uma imitação de vida. Sacudi a cabeça. As coisas que fazem a gente viajar podem ser bem aleatórias. Era o momento de cair fora, sem dúvida, mas uma hora depois eu continuava ali. Não estava com fome ou sede, mas pensei que de repente eu deveria pedir alguma coisa só para justificar o fato de ficar sentada no mesmo lugar por mais de uma hora, mas ninguém parecia ligar, talvez a mesma paralisia pós-eleição afetasse todos nós.

Os dias se sucederam, e o que tinha sido feito não podia ser desfeito. Passado o Dia de Ação de Graças, com a véspera de Natal assomando, vaguei pelas ruas de comércio ao ritmo de um sussurro interno: *Não me dê nada. Não me dê nada.* A culpa hidratou as partículas secas da derrota; como pôde um final tão terrível? Outro caso de clamores sociais em desequilíbrio. A noite silenciosa, silenciosa. Fuzis de assalto embrulhados em papel-alumínio empilhados debaixo de árvores artificiais decoradas com pequenos bezerros dourados, alvos montados nos fundos dos quintais cobertos de neve.

Auge do inverno, mas parecia não haver frio algum. Cruzando a Houston Street, notei que o Menino Jesus estava ausente da cena do nascimento diante da St. Anthony. Não havia pássaros pousados nos ombros de são Francisco de Assis. Donzelas de gesso com toucas brancas preparavam festividades vazias. Nunca estive tão faminta, nem tão velha. Me arrastei escada acima até o quarto recitando para mim mesma: "Um dia eu tive sete, logo vou ter setenta". Estava realmente cansada. "Um dia eu tive sete", repeti, sentando na beira da cama, ainda de casaco.

A raiva silenciosa nos dá asas, a possibilidade de fazer as engrenagens girarem em sentido contrário, unificando o tempo. Consertamos um relógio, otimizando uma aptidão inata para refazer, digamos, todo o caminho de volta até o século XIV, marcado pelo surgimento do carneiro de Giotto. Ressoa o sino da Renascença, enquanto uma procissão de enlutados segue o caixão que abriga o corpo de Rafael, então soa mais uma vez, assim como a última batida de um cinzel revela o corpo leitoso de Cristo.

Todos vão para onde vão, assim como eu fui para onde fui, dando por mim num canto escuro cheirando a ovo e óleo de linhaça na oficina dos irmãos Van Eyck. Então vi uma cascata de água pintada da maneira exata como se para induzir a sede. Testemunhei a precisão do mais jovem quando tocou a ponta escura do pincel na ferida fresca do Cordeiro Místico. Saí rápido dali para a gente não colidir, e continuei depressa em direção ao século XX, que avançava, sobrevoando os campos verdes de prosperidade rural pontuados de cruzes em memória dos filhos assassinados da Grande Guerra. Não eram sonhos incompreensíveis, mas o delírio das horas vividas. E nessas horas fluidas testemunhei coisas maravilhosas, até que, cansada, dei voltas sobre uma pequena rua cheia de casas antigas de tijolos, escolhendo o telhado da que tinha uma claraboia empoeirada. A portinhola estava destrancada. Tirei a touca, sacudindo um pouco de poeira de mármore. Desculpe, disse, olhando para um punhado de estrelas, o tempo está correndo e nem um único coelho é capaz de acompanhar. Desculpe, repeti, descendo a escada, consciente de onde tinha estado.

Dia 30 de dezembro. Passei meu septuagésimo aniversário no final do ano, tornozelos afundados em confetes. Sussurrei *Feliz Ano-Novo* para as minhas botas viajadas, como tinha feito exatamente um ano atrás. Fazia um ano que tinha estacionado na frente do Dream Motel, onde certas coisas se tornaram incertas e uma placa previu que eu iria a Uluru. Um ano do dia em que Sandy Pearlman ainda estava vivo. Um ano do dia em que Sam ainda era capaz de preparar uma xícara de café e escrevia com as próprias mãos.

Sem um traço de hipérbole.

O Cordeiro Místico

Viajando com uma simplicidade quase religiosa para um lugar do qual nunca tinha ouvido falar, uma cidade próxima a Santa Ana, no oeste, onde Sam estava passando o inverno. Uma cidade, ele disse, onde chove sem parar. Vem, ele ordenou com suavidade, e num instante peguei uma jaqueta impermeável, uma camisa de flanela, algumas meias e um livro pequeno mas ricamente ilustrado do Retábulo de Gante. No avião, tentei não pensar no estado das coisas, ou em nada desagradável. Houve um pouco de turbulência, o que não era problema para mim, nada além de padrões climáticos perturbadores que não abrigavam intenções pessoais. Abri o pequeno livro e me concentrei no enorme retábulo, uma preocupação que era uma velha favorita.

O magnífico políptico foi pintado em carvalho no século xv pelos irmãos flamengos Hubert e Jan van Eyck. O retábulo encerra tanta eloquência maleável que foi venerado por todos que o contemplaram, e muitos acreditam que é um portal para o Espírito Santo. Assim como os arcanjos foram instrumentos divinos, uma encarnação física de um telefonema de Deus. A Virgem Maria recebeu a chamada, representada no painel exterior da Anunciação, o anúncio da Encarnação pelo anjo Gabriel; só dá para imaginar o entrelaçamento fervilhante de medo e exaltação que emana dessa única transmissão. A Virgem se ajoelha dentro de um vazio caleidoscópico adornado com as palavras dela em ouro polido, invertidas. Não uma folha extravagante mas uma folha flamenga, aplicada por incomparáveis mãos flamengas. Toquei certa vez a superfície do painel exterior e fui invadida por um temor, não num sentido religioso, mas pelos artistas que fizeram aquilo, pressentindo os espíritos turbulentos e a calma majestosa e concentrada deles.

Maria foi representada de novo em uma atitude mais serena na parte de cima do painel interior central, onde assume seu lugar do lado esquerdo do Deus Filho. Palavras atravessam o halo duplo curvado ao redor da cabeça levemente inclinada, declarando-a o espelho imaculado da Divina Majestade. Apesar de todos os louvores ela exibe uma simplicidade íntegra, a natureza agradável digna de Nossa Senhora das Dores.

Abaixo está o cerne do retábulo, a *Adoração do Cordeiro Místico*, que à época se disse que provocava desmaios. Um mistério sagrado tornado visível através de uma obra de arte. O triunfante porém estoico cordeiro, aceitando todos os sofrimentos terrenos, está em cima do altar enquanto seu sangue se derrama no Graal, de acordo com a profecia. *A sede deixará de ser sede e feridas deixarão de ser feridas*, embora não do jeito esperado.

O que vai acontecer com a gente, me perguntei enquanto fechava o livro. A gente sendo a América, a humanidade em geral. O olhar nos olhos daquele cordeiro parecia incansável, mas é possível que o sangue da benevolência talvez não seja infinito e um dia termine de correr? Imaginei a primavera murchando, o poço da samaritana secando, uma convergência preocupante de estrelas.

Senti um latejar surdo na têmpora. Notei que minha manga ficou manchada de roçar a paleta do pintor cujo pincel tinha afagado a ferida escura do cordeiro. Aquilo tinha acontecido mesmo? Não conseguia lembrar de um rosto, mas sabia que tinha chorado, ainda que sem o sal das lágrimas. Lembro de ficar ali aturdida até ser cruelmente arrastada do tempo da *Adoração* até o reino do agora, só uns dias atrás. A marca, concluí, olhando para o céu do oeste, era pelo menos tão real quanto uma lembrança.

— O que é real, de qualquer forma? Sam tinha perguntado não muito tempo atrás. O tempo é real? Essas mãos mortas são mais reais que as mãos nos sonhos que conseguem lançar uma linha ou virar um volante? Quem é que sabe o que é real, quem é que sabe?

Em San Francisco, embarquei num serviço de transporte para Santa Ana. A irmã de Sam, Roxanne, me buscou no aeroporto. O bom humor dela era uma trégua bem-vinda, já que o céu era puro cinza e estava chovendo, como Sam disse que ia estar. A gente encostou na frente de uma casa de ripas de madeira. Galguei os degraus e vi Sam através da porta de tela antes que ele me visse. Ele se parecia mais com Samuel Beckett do que nunca, e eu ainda nutria a esperança de que não estava destinada a envelhecer sem ele.

Trabalhamos na pequena cozinha. Dormi no sofá. Podia ouvir a chuva incessante batendo contra a cobertura de toldo da varanda. Estávamos a um mundo de distância do Kentucky, da terra e dos cavalos de Sam. Longe de tudo que era dele. Nossos dias eram dedicados ao manuscrito, destinado a ser o último, uma carta nada sentimental de amor à vida. De vez em quando nossos olhos se encontrariam. Sem máscaras, sem distâncias, só o agora, o trabalho sendo o principal e nós, seus criados. Nos finais de tarde, foi estabelecido e cuidadosamente levado a cabo o ritual de içar para baixo a cadeira de rodas, transpor os degraus da varanda e dar uma caminhada pela cidade, até o café que servia chocolate quente mexicano. Eu andava um pouco atrás na garoa fina com uma

sensação atordoante de tempos idos, pendurada no braço de Sam enquanto a gente tropeçava pelas ruas de Greenwich Village.

O silêncio que cercava a casinha era enervante. Não tinha ninguém por perto quando a gente dava as caminhadas noturnas. Me odiei por me sentir inquieta. Sam também se sentiu assim, o que era compreensível; ele tinha nascido inquieto. Ainda chovia quando tive que ir embora da Califórnia. Entrei no carro com Roxanne. A gente se afastou da casa branca de ripas de madeira, das treliças cobertas de hera e do regador imenso. Prometi manter contato. *Sede deixará de ser sede e feridas deixarão de ser feridas.* Quando nos aproximamos do aeroporto de Santa Ana, olhei o celular. Não havia mensagens dos anjos, nenhuma chamada, nem um simples toque.

Somos os espinhos vivos.

O galo dourado

A noite anterior à cerimônia de posse era de quarto crescente. Tentei ignorar o aperto na garganta, uma sensação de pavor que só ia aumentando. Queria poder dormir até que tudo tivesse acabado, um sono como o de Rip van Winkle. De manhã fui ao spa coreano na rua 32 e me sentei na sauna infravermelha por quase uma hora. Fiquei ali tossindo com um montinho de lenços gosmentos e pensei em Hermann Broch planejando mentalmente e em detalhes *A morte de Virgílio* enquanto estava confinado na prisão. Pensei no túmulo de Virgílio em Nápoles e em como ele não estava realmente ali porque as cinzas se perderam em circunstâncias misteriosas durante a Idade Média. Pensei nas palavras de Thomas Paine: *Esses são os tempos que põem as almas dos homens à prova.* Lá fora a chuva tinha parado, mas o vento forte continuou. E o que era verdade continuou sendo verdade. Era o último dia do Ano do Macaco e o galo dourado estava cantando, porque o insuportável vigarista de cabelo amarelo tinha feito o juramento, com nada mais nada menos do que uma Bíblia, e Moisés e Jesus e Buda e Maomé pareciam não ter nada a ver com aquilo.

Os gongos da noite seguinte soaram, e dragões cuspindo um fogo de papel rolaram pelas ruas de Chinatown abaixo como enormes brinquedos de puxar. Era 28 de janeiro. O galo do novo ano tinha chegado, uma coisa medonha de peito estufado e penas da cor do sol. *Tarde demais tarde demais tarde demais*, ele cantou. O Ano do Macaco terminou, e o Galo de Fogo, esperando nos bastidores, fez uma entrada grandiosa. Ignorei o desfile do ano-novo lunar, embora tenha assistido aos fogos de artifício da minha varanda. Percebi que rocei as margens das celebrações das costas Leste e Oeste, alfa e ômega do Ano do Macaco, ainda que não tenha participado de nenhuma delas. Nada tão surpreendente, talvez, exceto pela proximidade, já que mesmo quando era criança eu achava difícil me render de forma sincera a essas festividades, de fato temendo o rumor do desfile anual do Dia de Ação de Graças, com os carros alegóricos e bandas marciais, ou a excitação maníaca dos Mummers. No íntimo, sempre me senti completamente perdida nos redemoinhos de foliões, como Baptiste, que sem querer foi arrastado para o auge do Carnaval maníaco no final de *O boulevard do crime*.

No entanto me vi em Chinatown alguns dias depois, numa farmácia de confiança, consultando um velho herborista chinês que no passado tinha me preparado uns chás medicinais. O corpo é um centro reativo, ele disse, o que se refletia nos meus sintomas e mal-estar generalizado. Todas essas aflições são reações a estímulos externos, químicos, climáticos, alimentares. É tudo uma questão de balanço, o sistema só está recalibrando. Tudo vai desaparecer em algum momento, seja uma erupção da pele ou uma tosse. A pessoa deve permanecer serena, e deve evitar reforçar essas reações prestando muita atenção nelas. Ele me deu três pacotes de chá. Um era dourado, um era vermelho e o outro verde. Pondo os pacotes no bolso, voltei para o frio, notando que a maior parte dos vestígios da celebração já tinha sumido, alguns restos de lanternas de papel, pedaços de confete, um macaco de plástico descartado numa vareta quebrada.

Andei até o final da Mott Street e desci as escadas do Wo Hop para encontrar Lenny para um *congee*. Nos anos 70, uma tigela de *congee* de pato custava noventa centavos. O Wo Hop sempre esteve aberto, barulhento, servindo *congee* até quatro da manhã. Todos nós comíamos ali naquela época, com frequência nas primeiras horas depois do Ano-Novo, muitos de nós sem grana, muitos dos quais estão mortos. Lenny e eu comemos nosso *congee* e bebemos chá *oolong* com uma gratidão silenciosa, ainda vivos; nascidos com três dias de diferença, setenta anos e cabelos grisalhos, curvados ao destino. Não falamos da cerimônia de posse, mas ela deixava a atmosfera pesada, corações ansiosos fundidos com corações ansiosos.

Naquela noite bebi o chá dourado e não tossi durante o sono. Sonhei com um longo comboio de migrantes andando de um lado da Terra até o outro, muito além das ruínas do que um dia tinha sido uma casa. Andaram pelos desertos e planícies estéreis e pântanos sufocantes onde tiras largas de algas indigestas, mais brilhantes que o céu persa, se enrolavam em torno dos tornozelos. Andaram arrastando os estandartes atrás de si, vestidos com os panos das lamentações, buscando a mão estendida da humanidade, onde nenhum abrigo foi oferecido. Andaram ali onde a riqueza era encerrada dentro de obras de maestria arquitetônica, rochas imensas que envolviam cabanas modernas encobertas de forma engenhosa pela densa vegetação nativa. O ar ali dentro era seco, e ainda assim todas as portas, janelas e poços estavam hermeticamente fechados como se na expectativa da chegada deles. E sonhei que todas as provações dessa gente eram assistidas em telas ao redor do mundo, tablets e relógios de pulso inteligentes, se transformando numa forma popular de entretenimento baseado na realidade. Todos assistiram, de forma desapaixonada, como eles pisam no solo implacável, sangrando esperançosamente até a desesperança. Mas todos suspiraram de emoção quando a arte floresceu. Músicos se ergueram do torpor, compondo obras hipnotizantes de sofrimento sinfônico. A escultura brotou como se do chão coberto. Dançarinos musculosos representaram os tormentos dos exilados, correndo pela extensão de palcos enormes como se tomados pela inutilidade nômade. Todos assistiram, fascinados, mesmo quando o mundo, em sua loucura confiável, continuou girando. E sonhei que o macaco saltava sobre ela, essa bola espelhada de confusão, e começava a dançar. E no sonho estava chovendo, como se numa vingança inconsolável mas inconsciente do tempo eu tivesse saído sem capa de chuva, andando até a Times Square. As pessoas se reuniram diante de uma tela gigantesca assistindo à cerimônia da posse, e um jovenzinho, o mesmo que tinha dado à população o alerta de que o rei estava nu, gritou: Olhe! Ele está de volta, vocês o deixaram sair! As festividades eram seguidas por um novo capítulo da reencenação dos julgamentos dos migrantes. Barcos de madeira com listras de ouro jaziam abandonados nas águas rasas. Uma mascote dourada desceu, grunhindo e batendo as asas monstruosas. Dançarinos se contorciam em agonia como se as farpas da compaixão espetassem seus pés. Os espectadores torciam as mãos em fúria solidária, mas isso não era nada para aqueles que andavam pela terra, os assassinos da circunferência, traçando palavras na areia varrida pelo vento. Pode nos retratar se quiser, mas somos os espinhos vivos, o perfurado e a perfuração. E acordei, e o que estava feito estava feito. A corrente humana estava em marcha e suas vozes vibravam no ar como uma nuvem de insetos devastadores. Uma pessoa não pode se aproximar da verdade, nem acrescentar ou tirar, pois não há ninguém na terra como o verdadeiro pastor e não há nada no paraíso como o sofrimento da vida real.

Tentei te ligar, ele disse.

Uma noite na Lua

Era uma lanchonete de quinta categoria. Ou seja, tinha um nível de anonimato que simultaneamente camuflava e expunha qualquer atividade duvidosa. Nenhum lugar para se esconder entre as paredes sem cor, mas por outro lado poucos iam topar com um estabelecimento de aparência anônima numa rua secundária fora do radar. Tipos como o *hard-luck joe* da música, agenciadores de apostas e informantes, os últimos vestígios de uma era que só um policial corrupto ia reconhecer.

Olhei ao redor assim que entrei. As mesmas mesas dispersas, piso de linóleo salpicado de amarelo, uns poucos reservados. Já vim aqui antes, há umas duas décadas, quando eles serviam os melhores ovos com presunto, usando embutido autêntico da Virginia. A mesa de sinuca tinha sumido, mas de resto era o mesmo negócio sombrio, uma ausência de décor, a menos que você levasse em conta o calendário com fotos de montanhas. Um lugar onde cuidar da própria vida era uma espécie de religião.

O cara mais perto da porta estava debruçado, encarando o fundo do copo como se decifrasse uma profecia sinistra que emanasse dos grãos. Do lado dele, um cinzeiro cheio de guimbas, a natureza-morta perfeita. Dois sujeitos no fundo falavam baixo e tão perto que as cabeças deles se tocavam por cima da mesa.

Parei no bar, esperando ser servida. Havia uma fotografia desbotada de Manolete, o toureiro, numa moldura de madeira dourada com botões de rosa feitos de seda colados nos cantos. Queria café, mas fui obrigada a pedir uma bebida. Tomei uma dose de vodca, imaginando de que maneira me encaixo nesse bando desolado. Talvez como uma andarilha, não tão bem de vida mas também não tão mal, talvez alguém que perdeu o bonde ou então uma oportunidade de ouro.

— Que tipo de vodca é esse?
— Quem se importa?
— Bom, é aguada, mas é uma vodca boa pra cacete.

O atendente fingiu que estava ofendido.

— Kauffman. Coisa de russo.
— Kauffman, repeti, então anotei o nome num bloquinho que tirei do bolso de trás.
— É, mas você não acha por aqui.
— Mas está aqui, eu disse.
— É, mas você não acha por aqui.

Eu só suspirei. Tudo isso era um sonho? Era *tudo* um sonho? Começando com o Dream Motel, e levando direto a todo o mal que o macaco provocou. Estava no meio dessa ruminação circular quando senti que não estava sozinha. Dando uma geral rápida no bar, eu o vi. Não tinha notado quando entrei, mas ele estava bem ali, sentado na semiescuridão numa mesa de canto, sacudindo moedinhas que tinham ficado na carteira. Não pensava nele fazia muito tempo, não desde que ele me deixou encalhada numa paisagem tão vazia que era quase bíblica. Estava determinada a encontrar o olhar dele, mas ele olhou através de mim. *A gente se conheceu no* WOW, eu ia dizendo mentalmente. *Tá, na verdade a gente nunca se conheceu. Eu só sentei na mesa e entrei na conversa, vocês falavam de 2666 e de corridas de cavalos em St. Petersburg.* Ernest não fez nada que indicasse que o recado tinha sido entendido, então andei até lá e me sentei. Ele começou a falar como se pegasse o fio de uma conversa abandonada, alguma coisa sobre a cena de abertura de *Apocalypse Now*.

— Martin Sheen podre de bêbado, um ato de pura coragem, a coisa mais corajosa no filme, é desconcertante que eles tenham conseguido aquilo. O espelho quebrado e todo aquele sangue. Não sangue cenográfico. Sangue do Martin Sheen.

Então ele se levantou e seguiu para o banheiro. Fui até o bar e peguei outra dose. Não sou muito de beber, mas achei que vodca diluída, uma vodca boa assim, não ia fazer mal, nem mesmo no meio da tarde. Apontei para onde Ernest estava sentado.

— Você sabe o que ele está bebendo?

— Quem se importa? ele disse. Mas pôs uma garrafa de tequila de aparência obscura na minha frente. Pedi para ele esperar uns minutos, e aí levar a garrafa e oferecer uma dose por conta da casa. Coloquei algum dinheiro na mesa, então uma mulher entrou com um porta-peruca e uma roupa numa capa de lavanderia. Ela entrou por uma porta atrás do bar. Os sujeitos com as cabeças a poucos centímetros de distância não se mexeram. Na verdade ninguém se mexeu, ninguém reagiu a ela ou a mim. Duas mulheres invadindo um mundo masculino de quinta categoria.

Voltei para a mesa de Ernest. Ficamos sentados por um tempo num silêncio nervoso.

— Me pergunto se o Joseph Conrad ia gostar de *Apocalypse Now*, eu disse, mais para quebrar o gelo.

— É um boato, ele disse. Não tem verdade nenhuma aí.

— Nenhuma verdade em quê?

— Que era só um jeito de refazer *Coração das trevas*.

— Bem, é, não é verdade mesmo, mas foi inspirado. Até o Coppola disse isso. Metade da beleza é o fato de o Coppola ter transformado um clássico num clássico moderno.

— Um clássico do século XX, não é nem moderno mais.

De repente ele se inclinou na minha direção.

— Quem tem o verdadeiro coração das trevas? Brando ou Sheen?

— Sheen, eu disse sem hesitar.

— Por quê?

— Ele ainda queria viver.

O atendente trouxe a garrafa e pôs um copinho na frente do Ernest. Serve uma aí por conta da casa, ele disse. Ernest encheu o copo até a borda. Eles diluem essa coisa em água, ele me contou, bebendo bem depressa.

— Tudo vem do coração. Do coração bêbado. Você já ficou bêbada? Bêbada de verdade? Quero dizer, bêbada durante dias, perdida no mistério de tudo isso, lançada no redemoinho do absurdo.

Foi isso que ele disse, servindo mais uma tequila. Me dei conta de que nunca o tinha visto beber nada a não ser café. Claro, não sabia quase nada a respeito dele. O sobrenome, por exemplo. Mas tem vezes que é assim. Você conhece um imperfeito estranho como ninguém. Sem sobrenome, data de nascimento, país de origem. Só os olhos. Tiques estranhos. Pequenos indícios do estado de espírito.

— Ele vai construir aquele maldito muro, ele ia dizendo, e o dinheiro vai sair do bolso dos pobres. As coisas vêm mudando numa velocidade que a gente nunca sonhou. Vamos falar de guerra nuclear. Pesticidas vão ser um grupo de alimentos. Sem pássaros cantando, sem flores silvestres. Nada além de colmeias ruindo e filas de ricos prontos pra embarcar numa nave pra passar uma noite na Lua.

Então ele ficou quieto. Nós dois ficamos. Ernest aparentava cansaço, os estragos da vida pareciam mais pronunciados do que eram apenas um ano atrás. Podia sentir a tristeza amarga que permeava o ambiente. Subia como um gás sufocante, e os poucos clientes dispersos olharam para cima como se tivessem ouvido uma criança chorando.

— Estou aqui por causa de Tangier Island, ele resmungou.

Me levantei e escrevi *Tangier Island* no bloquinho, que deslizei de volta pro bolso de trás. Ernest fez um leve aceno com a cabeça, mas não deu nenhuma indicação de que eu deveria ficar. Notei uma moeda no chão e me abaixei para pegar. Ao sair, tive a sensação de que, se entrasse de novo, mesmo que só um instante depois, tudo ia estar mudado. Tecnicolor de repente, com outra atendente encarregada, de peruca, toda maquiada, vestido lavado a seco.

Saí e sentei num banco ali perto. Imaginei o que Ernest estaria fazendo em Virginia Beach. O pouco que eu sabia dele apontava para algum tipo de missão. Por outro lado, ele poderia pensar a mesma coisa de mim. Vim num impulso, pura nostalgia. Um ônibus até Richmond só para ver o rio James, onde tinha estado uma vez com meu irmão Todd falando de Edgar Allan Poe e de Roberto Clemente, o jogador de beisebol favorito dele. O Todd parecia o Paul Newman. Os mesmos olhos azul-claros. A mesma confiança modesta. Você podia contar com ele para qualquer coisa. Qualquer coisa menos continuar vivo.

Mais alguns retardatários, um cara andando com o cachorro, uma velha chinesa usando meias grossas e sandálias de madeira acompanhada do neto, que segurava uma imensa bola vermelha. O vermelho da bola parecia solarizar. Uma bola enorme de sangue prateado. O menino vestia uma jaqueta fininha mas não parecia sentir frio; o vento estava mais forte em cima da água, silenciando perto das margens.

Me perguntei se estaria esperando Ernest sair, embora ele muito provavelmente já tivesse saído. Ele parecia abatido. Não era a mesma força agitada que tinha sido quando a gente se conheceu no wow. Alguma coisa havia acontecido e alguma coisa o tinha atraído para cá. Outra conspiração, talvez, algo a ver com Tangier Island. Eu o vi cambalear para fora do bar. Tive vontade de ir atrás quando ele rumou para o calçadão, mas parecia muito dramático. Fiquei olhando por uns minutos, e então, distraída pelo mergulho de uma gaivota, perdi o momento e o lugar em que ele se desviou do caminho. A oportunidade havia passado, pensei em procurar um quarto por ali. Tinha uma boa quantia de dinheiro comigo, cartão de crédito, bloquinho e uma escova de dentes. De longe, um garoto numa bicicleta se aproximou do banco e desceu.

— Com licença, ele disse. Um cara chamado Ernest falou pra te dar isso. Ele me estendeu um saquinho de papel marrom.

Olhei para cima e sorri. Onde ele está agora? eu disse.

— Não sei, ele só me pediu pra te dar isso.

— Valeu, eu disse, catando um dólar no bolso.

Tinha umas perguntas a fazer, mas ele subiu de volta na bicicleta e seguiu em frente. Eu o vi ficando cada vez menor, se afastando em direção ao horizonte como um dos navios de Fernão de Magalhães. Suspirando, abri o saco e puxei uma brochura surrada, a tradução para o inglês de "A parte dos críticos", anotada de modo obsessivo em espanhol. Virei as páginas até os sonhos com água, onde a loira pinup, a Liz Norton de todos nós, apontou uma quebra de linha. Ler isso me fez ansiar por uma cidade. Uma cidade inesquecível. Casinhas de teto baixo. Cidade do México em 1949. Miami em 1980. Podia sentir os dedos insidiosos da memória farfalhando os arbustos como a mão desmembrada do pianista tateando em direção à garganta de Peter Lorre em *Os dedos da morte*. Um dos filmes preferidos do meu irmão

Todd, e pensar nele ativou cenas nunca escritas, outras imagens da vida. Todd sorrindo ao sol no terreno em que ia construir uma casa para a mulher e a filha. Todd inclinado sobre uma mesa de sinuca com um cigarro pendendo da boca. Dirigindo pela Pensilvânia num caminhão sem aquecimento, nuvens pequenas se formando enquanto a gente cantava junto com as velharias no rádio. "My Hero". "Butterfly". "I Sold My Heart to the Junkman". Agora não, eu disse, me recompondo, e abri de novo o livro e comecei do começo. Os críticos pareciam mais vivos que os passantes e de repente o mar não era mais o mar, mas um pano de fundo para as palavras, uma das maiores sequências de palavras encadeadas no século XXI.

Quando olhei para cima o tempo tinha voado, como se no seu próprio aviãozinho. Ernest estava sentado só a alguns passos de distância. Ele parecia totalmente seguro de si, nem um pouco bêbado. Andei na direção dele, de certa forma aliviada, mas pouco disposta a voltar a andar em círculos com ele.

— Sou só uma escritora, eu disse de um jeito cansado, só isso.

— Sou só um mexicano que acredita na verdade.

Olhei-o fixamente. Ele se contorceu um pouco e então riu.

— Tá. Meu pai era russo, mas não viveu muito.

— Seu pai se chamava Ernest?

— Não, mas usava o nome.

Sorri, mesmo que sentisse uma onda de melancolia. Um flash de uma carteira, uma mão puxando uma fotografia de uma mulher num vestido escuro florido com um menino de calça curta, o cabelinho bem penteado. Os olhos de Ernest deixaram claro que ele sabia o que eu estava vendo.

— Por que Tangier Island? eu finalmente perguntei.

— Desde que foi atingida pelo furacão Ernesto a ilha tem recuado na direção do mar. Tenho que me redimir.

Notei umas nuvens avançando. Chuva, eu achava.

— Sabe, há um ditado esculpido em inglês antigo numa prancha de madeira numa das estruturas mais antigas construídas na América. *Essa é Tangier Island. Assim como ela se vai, nós também.*

— Você já viu? eu perguntei.

— Você não vê coisas como essa. Você sente, como todas as coisas que importam; elas chegam, elas entram nos sonhos. Por exemplo, ele acrescentou com malícia, você está sonhando agora.

Ele rodopiou. Ficamos ali de pé na frente do mesmo café de quinta categoria.

— Sabe, ele disse numa voz que estranhamente lembrava outra voz.

— Você é a placa do Dream Motel, eu deixei escapar.

— É Dream Inn, ele disse, desaparecendo.

UMA ESPÉCIE DE EPÍLOGO

Primeiro morreu Muhammad Ali, depois Sandy e Castro e a Princesa Leia e a mãe dela. Aconteceram várias coisas brutais, dando origem a coisas ainda mais terríveis, e então lá estava o futuro que veio e se foi, e aqui estamos nós ainda assistindo ao mesmo filme humano, uma longa cadeia de destituição que se move em tempo real, em telas enormes e eternas. Injustiças dilacerantes constituem os novos fatos da vida. O Ano do Macaco. A morte dos últimos rinocerontes brancos. A destruição de Porto Rico. O massacre de estudantes. As palavras e ações depreciativas contra os nossos imigrantes. Os órfãos da Faixa de Gaza. E o que dizer da existência logo ali à distância? E o que dizer do escritor estoico que segurou uma miniatura do mundo na palma da mão tatuada? O que vai acontecer com ele? eu tinha me perguntado, indo e voltando do Kentucky. Quando comecei a escrever estas palavras eu ainda não sabia, e é possível avançar ou retroceder, mas o tempo dá um jeito de continuar passando, tiquetaqueando, coisas novas que não se podem alterar, não se podem processar rápido o bastante. A gente costumava rir, Sam e eu, deste descompasso: você escreve no tempo e então o tempo passou e na tentativa de agarrá-lo você escreve um livro totalmente diferente, como Pollock perdendo a conexão com uma pintura e fazendo uma pintura totalmente diferente e perdendo o fio da meada nos dois casos e chutando as paredes de vidro com raiva. Posso te dizer que da última vez que vi o Sam o manuscrito dele estava praticamente pronto. Estava ali na mesa da cozinha como um pequeno monólito, contendo o que não pode ser contido, um brilho tremulante que não podia ser extinto. Por que pássaros? Sam escreveu. Por que pássaros? repetiu a irmã dele. Sua canção flutuou de um aparelho de som parcialmente enterrado na areia. Por que pássaros? gritou o velho. E eles bateram as asas, encontraram seu bando e finalmente desapareceram. O que ia acontecer com o escritor? A resposta está agora encerrada num epílogo que não era para ser um epílogo mas se transformou nisso já que tudo o que uma pessoa pode fazer é tentar continuar tal como Hermes correu antes de nós com seus tornozelos esculpidos. Como a gente explica isso, a não ser falando a verdade? Sam Shepard não ia escalar, não fisicamente, os degraus de uma pirâmide maia ou galgar o dorso arqueado de uma montanha sagrada. Em vez disso ele ia deslizar com habilidade para o grande sono, como as crianças da cidade morta espalham folhas de papel vegetal em cima de montes de corpos correndo em direção ao paraíso. Você chega lá mais rápido deslizando num papel vegetal, toda criança sabe disso. Isso é o que eu sei. Sam está morto. Meu irmão está morto. Minha mãe está morta. Meu pai está morto. Meu marido está morto. Meu gato está morto. E meu cachorro que morreu em 1957 continua morto. E ainda assim eu continuo achando que alguma coisa maravilhosa está para acontecer. Quem sabe amanhã. Um amanhã e depois uma sucessão inteira de amanhãs. Mas voltando ao momento, que na verdade já passou, eu estava sozinha em Virginia Beach, e de repente me deixaram segurando o saco de papel. O saco marrom contendo a cópia surrada de "A parte dos críticos". Fiquei ali tentando absorver a verdade absurda do desfecho articulado por Ernest. Vamos lá, eu disse para o espelho, um espelho que tinha caído de uma caixinha com o dourado descascando, um espelho facilmente conjurado. *Vamos lá*, eu disse para um olho e depois para o outro, o estrábico, *foco*. Você precisa compreender a coisa toda. O espelho escorregou da minha mão e quando bateu no chão pude ouvir a voz de Sandy dizendo *cacos de amor, Patti, cacos de amor*. E então andei na outra direção, o trecho mais longo do calçadão. Ninguém sabe o que vai acontecer, eu pensava, não pra valer. Por outro lado, e se alguém pudesse ver o futuro num telescópio? E se ali no calçadão tivesse um visor que projetasse todo o percurso até o ano seguinte, 2017, o Ano do Cachorro? Que tipo de coisa uma pessoa ia ver? Que voltas espetaculares e terríveis da corda dourada, se desdobrando aqui e ali, do alfa ao ômega? Alguns entalhes, alguns milhões de entalhes. A morte do escritor a transfiguração de um amigo os olhos de Jesus Cristo cheios de pontinhos as chamas envolvendo o sul da Califórnia a ruína do Silverdome e homens caindo como peças de xadrez esculpidas no peso de séculos de imprudência e o abate de fiéis e as armas e as armas e as armas e as armas. E ali, num entardecer de inverno, ali no mapa onde as três grandes crenças certa vez percorreram o mercado em espécie, onde Davi conquistou, onde Jesus andou, onde Maomé ascendeu. Olhe envergonhado como os peregrinos são enxotados, tropas a postos e quem sabe quando a primeira pedra vai ser atirada. A capital neutra declarou ser a nova fortaleza capitalista. O ramo de oliveira deve murchar? As montanhas devem estremecer? As crianças do futuro nunca vão sentir a doçura da fraternidade? Continuei andando, parecia que o calçadão não tinha início nem fim. Sabia que devia haver um telescópio de bronze armado em algum lugar nas tábuas e estava determinada a encontrar, não exatamente um telescópio mas um instrumento de *distanteza*, bem ali no passeio. Do tipo que você coloca uma moeda para ver as ilhas fora de alcance, aquelas ocupadas por cavalos selvagens — digamos, Cumberland Island ou até mesmo Tangier Island. Meus bolsos estavam transbordando de moedas, então montei acampamento e me concentrei, primeiro num cargueiro, depois numa estrela, então de volta até a Terra. Podia de fato ver aquela bola o mundo. Estava no espaço e podia enxergar tudo, como se o deus da ciência me deixasse espreitar através das suas lentes pessoais. Girando, a Terra se revelava aos poucos em alta definição. Podia ver cada veia que também era um rio. Podia ver o ar doente oscilando, o fundo frio do mar e o grande coral branqueado de Queensland e arraias calcificadas submersas e organismos sem vida flutuando e o movimento de pôneis selvagens correndo pelos pântanos invadindo as ilhas da costa da Geórgia e os vestígios de garanhões nos cemitérios de Dakota do Norte e uma frota de cervos cor de açafrão e as grandes dunas do lago Michigan com nomes indígenas sagrados. Vi o núcleo sem sustentação e, bem como Ernest descreveu, uma pequena ilha igual ao umbigo de uma laranja lutando para respirar e uma enorme tartaruga e uma raposa correndo rápido e várias espingardas enferrujando na grama alta. Havia homens velhos escalando as pedras e deitados ao sol com as mãos entrelaçadas. Havia garotinhos pisoteando as flores silvestres. E vi os tempos antigos. Havia sinos tocando e guirlandas atiradas e mulheres rodando em círculos e havia abelhas fazendo sua dança do ciclo da vida e havia ventos enormes e luas inchadas e pirâmides desmoronando e coiotes uivando e ondas se erguendo e tudo cheirava como o fim e o início da liberdade. E vi meus amigos que tinham ido embora e meu marido e meu irmão. Vi aqueles considerados os verdadeiros pais subirem as colinas distantes e vi minha mãe com os filhos que tinha perdido, inteira de novo. E vi a mim mesma com Sam na cozinha dele em Kentucky e estávamos falando da escrita. No fim das contas, ele dizia, tudo serve de forragem para uma história, o que significa, acho, que somos todos forragem. Estava sentada na cadeira de madeira de espaldar reto. Ele estava de pé olhando para mim como sempre. "Papa was a rolling stone" tocava no rádio, que era marrom no estilo anos 40. E pensei, quando ele esticou a mão para tirar o cabelo dos meus olhos, o problema dos sonhos é que no fim a gente acorda.

Créditos das imagens

p. 10: Dream Inn, Santa Cruz
p. 18: Bombay Beach
p. 22: Ayers Rock, Uluru
p. 31: wow Café, píer de OB
p. 39: Mosteiro Kovilj, Sérvia
p. 41: Terminal da Greyhound, Burbank
p. 55: Peace Tower, Japantown
p. 59: Santuário Hie, Tóquio
p. 65: Bombay Beach
p. 67: Árvore de Josué
p. 68: Posto, Salton Sea
p. 73: A autora
p. 74: O estúdio de são Jerônimo, Albrecht Dürer
p. 81: O Stetson do Sam
p. 85: Cadeiras Adirondack
p. 86: Janela da cozinha
p. 90: A xícara do meu pai
p. 95: O terno de feltro de Joseph Beuys, Oslo

p. 96: Minha mala
p. 99: Café A Brasileira, Lisboa
p. 101: Minha cadeira, Nova York
p. 104: Janela, Elizabeth Street
p. 106: Para Sandy, Rockaway Beach
p. 110: Jackson e Jesse, Detroit
p. 114: Os sapatos do escritor
p. 116: Os jogos de Roberto Bolaño
p. 118: O *unicórnio no cativeiro*, no Cloisters
p. 128: Camiseta Alexander McQueen
p. 133: O Retábulo dos Van Eyck, Gante, Bélgica
p. 137: Telefone, Samuel Beckett, Dublin
p. 138: Cajado de caminhada, Ghost Ranch
p. 143: Orelhão, Cidade do México

As imagens das páginas 74 e 118 são de domínio público.
Todas as fotografias do miolo são © by Patti Smith.

ESTA OBRA FOI COMPOSTA POR OSMANE GARCIA FILHO EM ELECTRA
E IMPRESSA PELA GEOGRÁFICA EM OFSETE SOBRE PAPEL PÓLEN BOLD
DA SUZANO S.A. PARA A EDITORA SCHWARCZ EM OUTUBRO DE 2019

A marca FSC® é a garantia de que a madeira utilizada na fabricação do papel deste livro provém de florestas que foram gerenciadas de maneira ambientalmente correta, socialmente justa e economicamente viável, além de outras fontes de origem controlada.